Die schönsten
Routen im Harz

W0068321

Frank Klose, Sabine Steinert

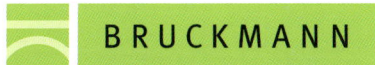

BRUCKMANN

Vorwort

Der Harz ist garantiert das Höchste im Norden und diese nicht mal gewagte Aussage gilt wirklich in jeder Hinsicht. Natürlich finden sich hier auch jede Menge erstklassige Kurven im und rund um das phänomenale Waldgebirge, welches der klobige Brocken mit 1142 Meter Seehöhe dominiert. Letzteren kennt man übrigens auch als Blocksberg, wo sich laut allerlei Sagen der Teufel einst mit seinen Hexen schamlos vergnügt haben soll. Und es gibt noch mehr im Harz zu entdecken, z.B. das Bergwerk Rammelsberg, das heute unter dem Schutz der UN-ESCO steht und als Museum dient.

Hier wurden edle Erze über einen Zeitraum (bis 1986) von fast 1000 Jahren gefördert. Damit ist auch der Wohlstand der alten Kaiserstadt Goslar begründet, den man in der Altstadt an wunderschönen Fachwerkhäusern ablesen kann. Sehr interessant ist auch das Umland des Harzes, das durch Deutschlands Wiedervereinigung angewachsen ist. Dort bieten sich weitere Entdeckungsreisen an, die beispielsweise in den Hainich, ins Kyffhäusergebirge oder durchs das Leinebergland führen und auch das bekannte Weserbergland ist nicht weit entfernt. Da bleibt mir nur noch Ihnen viel Spaß, satte Kurven und natürlich auch allzeit gute und stets unfallfreie Fahrt zu wünschen.

Ihr Frank Klose

Bergstrecke über dem Werratal

HARZ

3

HARZ

Ein kostenloses Gesamtverzeichnis erhalten Sie beim
Bruckmann Verlag
D-81664 München
www.bruckmann.de

Lektorat: Jutta Hemminger, München
Layout und Satz: BUCHFLINK Rüdiger Wagner, Nördlingen
Kartografie: Elsner Schichor, Karlsruhe
Herstellung: Thomas Fischer

Alle Angaben dieses Werkes wurden vom Autor sorgfältig recherchiert
und auf den aktuellen Stand gebracht sowie vom Verlag geprüft. Für
die Richtigkeit der Angaben kann jedoch keine Haftung übernommen
werden. Für Hinweise und Anregungen sind wir jederzeit dankbar.
Bitte richten Sie diese an:
Bruckmann Verlag
Produktmanagement
Innsbrucker Ring 15
D-81673 München
E-Mail: lektorat@bruckmann.de

Bildnachweis: Alle Fotos auf dem Umschlag und im Innenteil von
Sabine Steinert und Frank Klose.

Die Deutsche Bibliothek – CIP Einheitsaufnahme
Ein Titeldatensatz für diese Publikation ist bei der Deutschen Bibliothek erhältlich.

Printed in Italy by Printer Trento S.r.l.
ISBN 3-7654-3873-1

Einführung

Touren

HARZ

Fahren mit dem Roadbook

Damit Sie die schönsten Touren ungehindert genießen können, erhalten Sie von uns das Roadbook zum schnellen Überblick zum Mitnehmen.

Mit Hilfe der Wegbeschreibungen und Kurzinfos erfahren Sie kurz und knapp, welche Abzweigungen Sie nehmen müssen und welche Attraktionen Sie am Straßenrand erwarten.

Am Anfang erhalten Sie einen kurzen Überblick über die Region und über den Routenverlauf. Das Roadbook selbst ist in übersichtliche Spalten aufgeteilt mit folgenden Informationen:

Die Kennzeichnungen **Nr./km** zählen die Kreuzungen und deren jeweilige Entfernungen zwischen den einzelnen Roadbook-Positionen auf.

Straße bezeichnet die Strecke mit der offiziellen inländischen Bezeichnung, auf der Sie sich befinden.

Position nennt die Ortschaft oder den Ort, an dem Sie sich gerade befinden.

Die Spalte **Richtung** weist darauf hin, welche Richtung Sie einschlagen müssen, um in einen Ort zu gelangen.

Piktogramme geben Ihnen genaue Anweisungen, welchen Abzweigungen Sie an den Kreuzungen folgen sollten.

Weitere Piktogramme finden Sie in der Spalte **Information**. Hier werden Sie auf besondere Sehenswürdigkeiten oder Übernachtungsmöglichkeiten hingewiesen.

Die Roadbooks finden Sie ab Seite 121.

Die einzelnen Piktogramme:

✳	Sehenswert	🅣	Tankstelle
🅑	Kirche	🅐	Badestrand
🅑	Schloss	🅟	Parkplatz
🏛	Museum	🅖	Campingplatz
❀	Aussicht rundum	🅐	Alternative, Abstecher
⚘	Aussicht halb	⛴	Fähre/Schiff
⚠	Achtung	🅘	Info
🏨	Hotel/Übernachtung	🅣	Turm
🜨	Höhle	🅣	Leuchtturm
❌	Bikerfreundliche Gaststätte		

HARZ

Unterwegs zwischen Harz und Weserbergland

Der wunderschöne und seit altersher sagenumwobene Harz stellt sozusagen das »Höchste im Norden« dar. Immerhin steigt dieses Mittelgebirge, dessen Name sich von dem mittelhochdeutschen Wort »Haart« ableitet – was soviel wie »Höhe« bedeutet –, am Brocken auf 1142 Meter über den

Spiegel der Weltmeere. Jener höchste Gipfel des Harzes überragt aber nicht nur das Umland um rund 1000 Meter, sondern blickt auf eine ganz eigene »Geschichte« zurück. Immerhin kennt man diesen Berg auch unter dem Namen »Blocksberg«. Dort sollen sich in der Walpurgisnacht (wird heutzutage im Harz nachweislich auch von Nichthexen jeweils in der Nacht vom 30. April auf den 1. Mai gefeiert) allerlei wilde Hexen mit ihrem Meister – dem Beelzebub –

*Im nörd-
lichen Harz-
vorland*

treffen, um mit ihm, wie die Sagen berichten, »vergnügliche Schande bis zum Morgengrauen« zu treiben.

Allerdings war diese flotte Party während der gruseligen Zeit des »Kalten Krieges« nicht möglich. In jener Zeit diente der Brocken, der überwiegend aus bis zu 200 Millionen Jahre

altem Granit besteht, nämlich als optimaler Horch- und Lausch- posten des War- schauer Paktes und war somit Sperrge- biet. Aber 1989 ha- ben sich die politi- schen Verhältnisse bekanntlich grund- legend geändert. So ist der Berg heute wieder, was er auch

Kaiserpfalz Goslar

vor dem Zweiten Weltkrieg war: nämlich Kultberg und damit Topausflugs- und Wanderziel in einem, das man entweder per dampfbetriebener Brockenbahn (teuer, aber schön) oder auf Schusters Rappen erreicht.

Kurvenparadies Oberharz

Natürlich werden im Harz auch Motorradfahrer glücklich, selbst wenn die Brockenstraße für den allgemeinen Verkehr gesperrt ist. Es bleiben nämlich noch genug tolle Strecken übrig, die es unter die Reifen zu nehmen gilt. Wie beispiels- weise im Westharz, den man auch unter der geologischen Bezeichnung **»Oberharz«** kennt und der sich praktisch zwischen Seesen, Osterode und Bad Harzburg erstreckt. Wer hier Kurven – von denen es mehr als genug gibt – nascht, sollte sich aber auch darüber im Klaren sein, dass er in einer ganz besonderen Region unterwegs ist. Immerhin war der Oberharz bis zur Erfindung der Dampfmaschine eine

Kopsteinpis- te in Sach- sen Anhalt

der wichtigsten Industrie- und Bergbauregionen Europas. Um beispielsweise silberhaltiges Bleierz zu gewinnen, war neben harter Arbeit sehr viel »Know-how« erforderlich.

So wurden die Grundlagen moderner Bergbautechnik durchweg im Harz gelegt. Dazu gehörten geniale Erfindungen, wie beispielsweise die Eisenbahnschiene, wegen ihrer Optik »Hammelpfote« genannt. Auch wurden das Drahtseil, das bergmännische Schießen (also Sprengen) und die nachhaltige Energiegewinnung aus Wasserkraft im Harz erfunden. Letztere basierte auf dem so genannten Oberharzer Wasserregal, das aus einer Vielzahl künstlich angelegter Stauseen (Baden überwiegend erlaubt) und einem pfiffigen Grabennetz bestand und heutzutage noch besteht.

Der bis zur Wende kaum erreichbare **Ostharz** steht dem aber nun wirklich in nichts nach. Er besticht durch überwiegend schmale, kleine Straßen, die ebenfalls jede Menge Motorradspaß, aber auch sonst reichlich Interessantes bieten. Wie beispielsweise das tief eingeschnittene Bodetal, wo mächtige Felswände eine canyonähnliche Landschaft bilden. Oder aber man düst über die Straßen am südlichen Rand des **Unterharzes**, wo man mit wenig Verkehr, dafür aber mit flotten Schräglagen rechnen darf.

Kyffhäuser, Eichsfeld und Hainich

Und das ist noch nicht alles, denn auch südlich vom Harz selbst wartet allerbestes Motorradgebiet der Extraklasse, das bei all den bereits erwähnten Superlativen nicht vergessen werden soll. Da wäre zunächst mal der **Kyffhäuser,** ein steinalter und immer noch prägnanter Höhenzug, auf dem ein Monumentaldenkmal aus der letzten deutschen Kaiser-

Am Weser-ufer

zeit imposant aufragt und in dem die sagenumwobene Höhle von Kaiser Barbarossa zu finden ist. Außerdem bietet die B 85 – man höre und staune – hier eine Serpentinenstrecke über den Kyffhäuser, wie man sie sonst nur aus deutlich höheren Gebirgen kennt. Hält man sich von dort aus – grob gesagt – Richtung Südwesten, so erreicht man gar nicht weit entfernt das **Eichsfeld,** eine unübersehbar katholische Enklave im Norden Deutschlands. Hier zieren etliche Marterl die Ränder wunderbarer Motorradstrecken.

Gleich südlich davon erhebt sich der **Hainich,** ebenfalls ein feines Motorrad-Eldorado. Dieses Minigebirge bildet zudem eine landschaftlich wunderbare Brücke zwischen Harz und Thüringer Wald weiter südlich. Außerdem ist er ein wahrhaft seltenes Naturjuwel. Deshalb wurde der Hainich, dessen höchste Erhebung auf 494 Meter über Normalnull gipfelt, teilweise zum Nationalpark erklärt. Ein logischer Schritt, denn hier findet man eine subozeanisch bis subkontinental geprägte Flora mit wunderschönen Laubmisch-

Hoch über dem Werratal

wäldern und Edelhölzern, wie Elsbeere oder Bergulme, mitten drin. Und im Schutz dieser Bäume gedeihen unter anderem mehrere Orchideenarten. Da fühlen sich selten gewordene Tiere wie Schwarzstorch, Bechsteinfledermaus, Gelbbauchunke und auch die äußerst scheue Wildkatze wohl.

Weserbergland und Leinebergland

Aber auch westlich des Harzes verlocken schöne Strecken zum Motorradfahren. Hier erheben sich nämlich **Leinebergland** und **Weserbergland**. Ersteres – gemeinhin völlig zu Unrecht unbekannt – bietet kleinste Straßen zum Schwindeligfahren. Ein passendes Roadbook mit reichlich Insiderstrecken finden Sie deshalb genauso im Folgenden wie eine wunderbare Strecke durch das schon angesprochene Weserbergland. Dort lässt es sich zudem auf den Spuren von bekannten Sagen und Geschichten wandeln. Immerhin war hier der Baron von Münchhausen (in Bodenwerder) zu Hause, und selbst der berühmte Rattenfänger von Hameln lockt heute noch. Allerdings folgen seinem Flötenspiel keine Ratten oder gar Kinder mehr, sondern Scharen von Touristen.

Historisches Quedlinburg

Daneben bietet das Weserbergland zwischen Hanno-versch Münden und der Porta Westfalica natürlich zahlreiche und traumhafte Schräglagen in allen Variationen, sodass man getrost behaupten darf, dieses Buch trägt sicher zum hohen Erlebniswert der Landschaft bei. Also, worauf warten Sie noch: Im Harz und Umgebung gibt es reichlich zu erleben und zu »erfahren«, und dabei wünschen wir stets viel Spaß.

ALLGEMEIN

Der Harz ist das nördlichste deutsche Mittelgebirge, er bietet die höchsten Berge in Norddeutschland, reichlich starke Kurven und allerlei Geschichten drum herum. Zudem ist das Harzer Umland seit der Wende wieder ganz schön groß geworden, erstklassige Motorradtouren gibt es hier also in Hülle und Fülle.

KLIMA UND REISEZEIT

Je nach Temperatur und Wetterlage kann man dem Harz auch schon mal im März einen Besuch abstatten. Relativ konstante Wetterverhältnisse ohne die Gefahr von Wintereinbrüchen herrschen von Mitte April bis Ende Oktober.

ANREISE

Aus dem Norden auf der A 7 bis zur Abfahrt Rhüden und dann über Bad Harzburg in den Harz. Als Alternative bietet sich auch die weniger befahrene B 6 ab Hannover über Hildesheim nach Goslar an. Aus dem Süden auf der A 7 bis zur Abfahrt Northeim-West und dann auf der B 243 über Osterode ins Mittelgebirge. Auch hier gibt's alternativ die Möglichkeit, auf die Landstraße auszuweichen: Ab Kassel auf der B 3 nach Northeim und dort auf der B 241 nach Osterode. Aus Richtung Osten fährt man am besten über Eisleben und dann auf der B 242 in den Harz.

KARTEN

Generalkarte Deutschland (Mairs geographischer Verlag) 1:200 000, Großblatt 6 »Niedersachsen Süd, Hessen Nord« und Großblatt 7 »Thüringen, Sachsen Anhalt Süd«.

TOURENTIPPS

Unter www.motoroutehotels.com entdeckt man weitere tolle Roadbooks für erstklassige Touren im beschriebenen Gebiet, beispielsweise auch eine äußerst erlebnisreiche »Harzumrundung auf Schleichwegen«.

MOTORRADFAHREN

Im Harz, Weserbergland und Umgebung finden Motorradfahrer ein wahres Eldorado an Kurven und kaum frequentierten Straße zum Schwindeligfahren. Außerdem bietet sich hier ein derart üppiges Streckennetz an, dass nie Langeweile aufkommen wird.

Gedenkstein zur Deutschen Teilung

ESSEN UND UNTERKUNFT

Im Harz liebt man es deftig. Oft stehen leckere Würste wie die Bregenwurst auf den Speisekarten. Aber man findet darauf auch die verschiedensten Wildgerichte. Eine Besonderheit sind die Harzer Sturmsäcke, hinsichtlich der Größe mutierte Windbeutel mit Kirschsauce beispielsweise.

 ## INFORMATION

• Harz
Harzer Verkehrsverband
Marktstr. 45
38640 Goslar
Tel. 05321/3 40 40
Fax 05321/34 04 44
E-Mail Harzer.Verkehrsverband@t-online.de
Internet www.harzinfo.de

• Thüringen
Fremdenverkehrsverband Thüringen
Stauffenbergallee 18
99085 Erfurt
Tel. 0361/5 40 22 34

• Sachsen-Anhalt
TASA
Tourismus-Agentur Sachsen-Anhalt GmbH
Große Diesdorfer Str. 12
39108 Magdeburg
Tel. 0391/7 38 43 33
Fax 0391/7 38 43 10
Internet www.tasa.de

• Weserbergland
Tourismusverband Weserbergland-Mittelweser
Deisterallee 1
31785 Hameln
Tel. 05151/9 30 00
Fax 05151/93 00 33
E-Mail welcome@weserbergland.com
Internet www.weserbergland.com

NOTRUF/PANNENHILFE

Notruf: 110
Feuer: 112
ADAC-Pannendienst: 0180/2 22 22 22

INTERNETGUIDE

Alle hier vorgestellten Internetadressen liefern Interessantes für den Harz und Umgebung bzw. zum Thema Reisen mit dem Motorrad; allerdings wird kein Anspruch auf Vollständigkeit erhoben.

www.reisemotorrad.de
Die Homepage des bekannten Reisemagazins für Motorradfahrer

www.tourenfahrer.de
Homepage des Motorradmagazins »Tourenfahrer«, wo die besten Infos allerdings nur Abonnenten zugänglich gemacht werden

www.motoroute.net
Top-Reiseseite mit reichlich Infos und Hotels, die sich auf die Bedürfnisse ihrer motorradfahrenden Gäste ganz besonders eingestellt haben

www.adac.de
Leider steht ein Großteil der Seiten nur Mitgliedern zur Verfügung. Die werden dann aber üppig bedient. Es gibt beispielsweise recht gute Infos zum Thema Reisewetter

www.motorrad.net
Page mit umfassenden Informationen rund ums Motorrad

www.harzinfo.de
Die Infoseiten des Harzer Verkehrsverbandes

www.weserbergland.com
Infoseiten für das Weserbergland

Und noch was zum Schmunzeln (und sonst nichts): www.old-men-oxers.de
Herrlich schrullig, chaotisch, aber einfach nett

Rund um die Weser

Zwischen Hannoversch Münden und der Porta Westfalica bei Minden erheben sich rechts und links der Weser wunderbare Höhenzüge, die man auch unter dem Namen Weserbergland kennt. Für Motorradfahrer bieten sie Kurvenspaß (und mehr) bis zum Abwinken.

Schon deshalb startet die erste Tour dieses Buches gleich mal in **Hann. Münden**. Auch wenn man es kaum glaubt – so wird die äußerst sehenswerte Stadt heute stets genannt, obwohl sie mit vollem Namen eigentlich **Hannoversch Münden** heißt. Viel wichtiger dürfte die Tatsache sein, dass der berühmte Gelehrte Alexander von Humboldt Hannoversch Münden einst zu den sieben am schönsten gelegenen Städten dieser Welt zählte. Recht hat er. Hier vereinigen sich Werra und Fulda nämlich nicht nur zur Weser, sondern die Stadt liegt zudem idyllisch zwischen den Höhenzügen **Reinhardswald**,

Hübsche Städte säumen das Weserufer

NIEDERSACHSEN

21

Kaufunger Wald und Bramwald. Letzterer bildet sozusagen das östliche Ufer der Weser, und genau hier führt eine Straße entlang, die in den meisten Routenplanern, aber nicht in unserem Roadbook für diese tolle Weserbergland-Tour fehlt.

Solling und Vogler

Man rollt stets am östlichen Weserufer entlang bis nach Bodenfelde, wo eine Höhenpartie über den Solling ansteht. Das bis zu 528 Meter hohe Mittelgebirge bietet zu allem bisher Gesehenen einen sattgrünen Kontrast. Scheinbar unendliche Wälder drängen sich bis an die Teerpiste heran,

Hannoversch Münden

und man könnte fast glauben, dass man sich kurzfristig ins südliche Skandinavien verirrt hat. Etwas weiter besteht dann abermals die Gefahr einer nachhaltigen Täuschung, denn in **Holzminden** werden allerlei Aromen und Duftstoffe produziert. So kann es schon mal sein, dass die ganze Stadt nach Rosen oder nach Knoblauch duftet.

Aber wenden wir uns wieder dem zu, weshalb wir eigentlich unterwegs sind: den Kurven des Weserberglandes. Also, gleich hinter **Negenborn** folgt eine herrlich verschnörkelte Piste durch die **Rühler Schweiz**, die zum Höhenzug **Vogler** gehört. Am Nordende dieses wunderschönen Minigebirges erreicht man **Bodenwerder**, eine ebenfalls sehr sehenswerte Stadt mit unglaublichen Geschichten. Denn hier war

Münch-
hausen-
denkmal in
Bodenwer-
der

Karl Friedrich Hieronymus Freiherr von Münchhausen zu Hause, von dessen dreisten Lügenpossen sicher jeder schon etwas gehört hat.

Ith im Doppelpack

Wenn hier nun vom Ith und zwei erlebnisreichen Kurven-partien über diesen lang gestreckten Höhenzug berichtet wird, so sei angemerkt, dass Münchhausen für diese Beschreibung nun wirklich nicht Pate stand. Wahr ist viel-mehr, dass man gleich hinter **Eschershausen** ein paar erst-klassige Traumkehren unter die Reifen nehmen darf. An-schließend saust man am Ostabhang des **Ith** entlang nach **Salzhemmendorf**, wo dann wieder ein lindwurmgleiches Geschlängel auf dem Programm steht, das man Deutsch-lands Norden so vielleicht gar nicht zutraut. Bestens animiert wird man also den Weiler **Haus Harderode** erreichen, wo man wieder Richtung Norden schwenkt und schon bald am Südabhang des **Süntel** entlangpfeilt. Jener markante Höhen-zug zieht sich dann hinüber nach **Hessisch Oldendorf**, wo die Scheinwerfer wieder in Grobrichtung Süden zeigen.

Durchs Extertal zum Köterberg

Zunächst quert man die Weser per Brücke, rollt dann Richtung **Rinteln** und folgt von dort aus dem Verlauf des hübschen **Extertales** nach **Barntrup**. Von hier aus ist es dann gar nicht mehr weit bis zum **Köterberg**, einem regional ziemlich bekannten Motorradtreff. Bei klarer Sicht reicht die Aussicht von dort oben oft noch bis zum rund 100 Kilometer entfernten Harz. Genießen wir das ein wenig. Gönnen wir uns einen Kaffee und was für den leeren Magen. Denn gleich steht wieder eine herrliche Abfahrt an, und die führt nach **Höxter**. Auch das ist eine hübsche, quirlige und geschäftige Stadt, geprägt durch typische Fachwerkhäuser.

Hier kann man zugleich einen Ausflug in die Geschichte unternehmen. Denn unweit der Stadt findet sich das **Kloster Corvey**, das seit der Zeit der Karolinger, also noch vor der letzten Jahrtausendwende, weltliches und religiöses Zentrum der ganzen Gegend war. Heutzutage erlebt man das Kloster mehr als Schloss, mit fürstlicher Bibliothek, einem geschichtsträchtigen Museum, wechselnden Kunstausstellungen und klassischen Konzerten. Von 1860 bis 1874 verbrachte hier übrigens Hoffmann von Fallersleben, der Verfasser des Deutschlandlieds, seine letzten Jahre als Bibliothekar.

Kloster Corvey

NIEDERSACHSEN

Zurück zum Ausgangspunkt

Die letzte Etappe dieser wunderschönen Runde verläuft dann am Westufer der Weser retour nach Hannoversch Münden. So gelangt man zwischendurch recht flott ins Hessische und zwar nach **Bad Karlshafen**. Die planvoll angelegte Stadt an der Mündung der Diemel in die Weser wurde nämlich 1699 als Hugenottensiedlung gebaut, symmetrisch angeordnet und mit einem Hafenbecken mittendrin. Wenn die Zeit noch reicht, könnte man hier den beschriebenen Routenverlauf auch verlassen und alternativ durch den **Reinhardswald** düsen.

Übrigens: Wer dieses kleine Mittelgebirge im ersten Moment so vielleicht nicht kennt, der irrt. Man dürfte mit ihm sicher schon mal Bekanntschaft gemacht haben. Denn auf einer Höhe dort thront die **Sababurg**, angeblich Schauplatz des Grimmschen Märchens vom Dornröschen, das einst ein Prinz wach geküsst haben soll. Aber auch wer der beschriebenen Route über die B 80 nach **Hannoversch Münden** folgt, erlebt sozusagen Märchenhaftes. Kurz vor dem Ende der Tour tauchen plötzlich Schilder am Straßenrand auf, die vor Störchen auf der Straße warnen.

Sonnenuntergang über dem Weserbergland

ROUTE 1: RUND UM DIE WESER

Nr.	Straße km	Position	Richtung	Information	
21	B 83 60 km	Höxter	Hann. Münden	ab Bad Karlshafen der B 80 weiter an der Weser entlang folgen	B 83 60 km
20	B 239 15,5 km	Niese	Höxter	nach 4,5 km bietet sich die Alternativstrecke über Bödexen und Albaxen zur Weser an	B 239 15,5 km
19	10 km	Falkenhagen	Köterberg	bald rechts bergan zum Motorradtreff Köterberg, dann retour und durch den Ort Köterberg weiter Richtung Rischenau	10 km
18	B 239 2 km	Rischenau	Polle	nur kurz auf B 239, dann Hinweisen Richtung Polle folgen	B 239 2 km
17	10 km	Lüdge	Rischenau, Höxter	landschaftlich reizvolle Strecke	10 km
16	10 km	Frettholz	Lüdge	in Graben rechts Richtung Lüdge halten, bald kurvenreiche Strecke	10 km
15	2 km	Barntrup	Paderborn	nach 1 km rechts auf B 1 weiter Richtung Paderborn	2 km
14	22 km	Exten	Barntrup	nun geht es durch das hübsche Extertal	22 km
13	4 km	Hess. Oldendorf	Fuhlen, Heßlingen	bald Weserbrücke queren	4 km
12	18 km	hinter Herkensen	Hohnsen, Pötzen, Hess. Oldendorf	am Südabhang des Süntel entlang	18 km
11	13 km	Haus Harderode	Bisperode, Bessingen, Herkensen	nun rollt man am Ostabhang des Ith entlang, bei Bessingen Verlauf von B 217 kreuzen	13 km
10	7 km	Salzhemmendorf	Lauenstein, Hameln	herrliche Kurvenstrecke über den Ith	7 km
9	12 km	Bei Fölziehausen	Wallensen, Salzhemmendorf	flotte Strecke am Ostrand des Ith entlang	12 km
8	B 240 10 km	Eschershausen	Gronau, Hannover	tolle Kurvenstrecke über den südlichen Ith	B 240 10 km
7	B 240 10 km	Bodenwerder	Eschershausen	flotter Streckenabschnitt	B 240 10 km
6	16 km	Negenborn	Golmbach, Rühle, Bodenwerder	herrliche Kurvenstrecke durch die Rühler Schweiz	16 km
5	B 64 12 km	Holzminden	Bevern, Negenborn	kurzes Verbindungsstück auf viel befahrener B 64	B 64 12 km
4	B 497 22 km	Schönhagen	Holzminden	nun der Bundesstraße über den Solling folgen – schöne Strecke	B 497 22 km
3	B 241 4 km	Amelith	Schönhagen, Neuhaus	kurvenreiche Bundesstraße	B 241 4 km
2	11 km	Lippoldsberg	Bodenfelde, Neuhaus	erst rechts, später links halten – es folgt eine hübsche Strecke in den Solling hinein	11 km
1	30 km	Hann. Münden	Gimte, Hemeln	zunächst östlich der Weser bis Lippoldsberg fahren	30 km

Dieses Roadbook zum Heraustrennen im Anhang

NIEDERSACHSEN

 **INFORMATION**

• **Weserbergland**
Tourismusverband Weserbergland-Mittelweser
Deisterallee 1
31785 Hameln
Tel. 05151/9 30 00, Fax 05151/93 00 33
E-Mail welcome@weserbergland.com
Internet www.weserbergland.com

 UNTERKUNFT

• **Lauenförde**
Villa Löwenherz
Würgasser Str. 5
37697 Lauenförde
Tel. 05273/75 67, Fax 05273/78 47
E-Mail postfach@villa-loewenherz.de
Internet www.villa-loewenherz.de
Bekannte Bikerherberge, jedes Wochenende
von April bis Oktober mit Motorradfahrern
voll

• **Höxter**
Tonenburg
37671 Höxter-Albaxen
Tel. 05271/92 11 82, Fax 05721/92 05 51
E-Mail pirone@tonenburg.de
Internet www.tonenburg.de
Uriges Motorradhotel in Albaxen nahe Höxter

 ESSEN & TRINKEN

Im Weserbergland gibt es viele Einkehrmöglichkeiten, die ein gutes Preis-Leistungsverhältnis bieten. Besonders empfohlen sei aber die Papp-Mühle zu Füßen des sagenumwobenen Aussichtsfelsens Hohenstein im Süntel:

Hotel Papp-Mühle
31840 Hessisch Oldendorf, OT Zersen
Tel. 05152/94 66 66
Fax 05152/94 66 88
E-Mail hotel@pappmuehle.de
Internet www.pappmuehle.de

 MOTORRADFAHREN

Das Weserbergland ist genau richtig für Kurvenräuber aller Kategorien, denn hier finden sich reichlich autofreie Straßen für Zweiradgenuss pur.
Motorradtreff: Auf dem Köterberg (tolle Aussicht, fast immer Motorradfahrer da) zwischen Höxter und Schieder-Schwalenberg (in Niese von der B 239 rechts abbiegen).

KARTEN

Generalkarte Deutschland (Mairs geographischer Verlag) 1:200 000, Großblatt 6 »Niedersachsen Süd, Hessen Nord«

 **VERANSTALTUNGEN**

• **Hameln**
Musical Rats: Neben dem traditionellen sonntäglichen Rattenfänger-Freilichtspiel gibt es seit der EXPO 2000 auch die humorvolle Interpretation der Rattenfängersage in Form eines Musicals.
Infos bei Tourist
Information Hameln
Deisterallee 1
31785 Hameln
Tel. 05151/9 57 80
Fax 05151/95 78 41
E-Mail touristinfo@hameln.de
Internet www.hameln.de/touristinfo

SEHENSWERT

Münchhausen-Museum
Münchhausenplatz 1
37619 Bodenwerder

Tel. 05533/4 05 41, Fax 05533/61 52
Münchhausen-Literatur und Gegenstände
aus der Zeit Münchhausens

Leinetour

Besonders zwischen Hannover und Göttingen modelliert das Leinetal einen markanten Einschnitt in das sonst eher hügelige Umland, Insidern als Leinebergland bekannt, wo es unter anderem reichlich Kurven zu naschen gibt.

Den Start zu dieser wundervollen Tour dürfte man leicht finden, denn los geht es an der Autobahnabfahrt Hildesheim (A 7). Diese Tatsache hat aber leider auch den Nachteil, dass man sich in der Folge durch das quirlige **Hildesheim** wühlen muss. Wenig hilfreich sind dabei die Ampelschaltungen vor Ort, die offenbar meist nur die besonders beliebte Farbe »Rot« kennen und damit ein Vorankommen nachhaltig bis nervend bremsen.

Andererseits bietet die Beinahe-Großstadt Hildesheim so viel Sehenswertes, dass man es vielleicht besser gar nicht so eilig haben sollte. Zum Beispiel den historischen

Harzblick vom Leinebergland aus

NIEDERSACHSEN

31

Marktplatz mit dem weltberühmten Knochenhaueramts-haus, die frühromanische Michaeliskirche, den Dom mit dem Tausendjährigen Rosenstock und das Roemer-und Pelizaeus-Museum, wo man Schätze aus dem Land der Pharaonen besichtigen kann. So oder so wird man sich also etwas länger in der Stadt aufhalten, bevor man eine erste und schon reichlich flotte Kurvenwedelei erlebt.

Durch den Hildesheimer Wald

Ab **Hildesheim-Ochtersum** folgt anschließend ein durchaus interessantes Teerband, das schon mal ein paar ordent-

liche Schräglagen der flotteren Art durch den **Hildesheimer Wald** nach **Diekholzen** bietet. Von dort aus geht es weiter Richtung Alfeld, wobei der Fahrspaß auf nahezu gleich hohem Niveau stagniert. Im Ort mit dem wun-

Pracht-strecke im Westerhöfer Wald

derschönen Namen **Sack** zweigt die Tour dann allerdings hart nach links ab und bietet auf dem Weg hinüber nach **Adenstedt** weiterhin bestes Kurvenmenü in anmutiger Landschaft. Zwischendurch könnte man auch die Ruine der **Winzenburg** besichtigen, die man in halbstündigem Fußmarsch vom Ort Winzenburg aus erreicht. Allerdings ist von dem einst so mächtigen Gemäuer, welches im späten Mittelalter in der Region eine besonders dominante Rolle spielte, nicht sehr viel übrig geblieben. Durch den »Quedlinburger Rezeß« fiel die Winzenburg 1523 nämlich an den Herzog von Braunschweig. Dieser ließ im Tal bei dem Dorf Hasekenhusen – dem heutigen Winzenburg – einen Amtshof errichten. Das hierfür benötigte Steinmaterial brach man dafür seinerzeit aus dem Mauerwerk der Burg.

Das Leine-bergland bei Northeim

Blick vom Westhöfer Wald auf den Harz

Über Bad Gandersheim Richtung Harz

Auch für **Bad Gandersheim**, das schon bald im Roadbook steht, sollte man etwas mehr Zeit einplanen. Immerhin bietet das staatlich anerkannte Heilbad ein altes und vor allem äußerst gepflegtes Stadtbild mit zahlreichen Fachwerkhäusern und vielen historischen Gebäuden, wie der mächtigen Stiftskirche, einer führomanischen Basilika, der im Stil der Weserrenaissance erbauten Abtei und einem der ältesten niedersächsischen Fachwerkhäuser von 1473, dem so genannten Bracken.

Nicht minder schön – wenigstens für kurvenliebende Zweiradtreiber – ist freilich auch das, was bald in Sachen Motorradfahren folgt. Ab dem Ort **Echte** beginnt nämlich eine absolute Traumstrecke über einen Höhenzug, genannt **Westerhöfer Wald**. Schräglagenfans werden hier garantiert des Öfteren mit der Zunge schnalzen, aber dabei hoffentlich nicht übersehen, dass hier und da schon mal etwas Rollsplitt adrenalinsteigernd die Fahrbahndecke gefährlich zieren kann. Also, lassen wir es einfach etwas ruhiger angehen. So jedenfalls wird einem außerdem der wunderbare Blick auf den schon sehr nahen Westharz nicht entgehen, den man in der vorletzten Kehre vor dem Örtchen **Nienstedt** genießen darf.

Traumstrecke zurück ins Leinetal

Harz hin oder her, diese Tour führt wieder Richtung Westen. Wer es gar nicht abwarten kann, das höchste norddeutsche Mittelgebirge zu erleben, der sollte an dieser Stelle Kapitel 4 aufschlagen. Alle anderen folgen bitte vorliegendem Roadbook und erleben ebenfalls Grandioses. Denn nach einem kurzen Geradeausstück zweigt man schon wieder nach rechts ab und findet sich auf einem schmalen Teerband wieder, das sich mittels äußerst angenehmer Richtungswechsel auf einen aussichtsreichen Hügel schraubt, der zudem einem Dorf namens **Marke** Platz bietet. Und genau dort findet die Genusspiste gleich ihre nahtlose Fortsetzung. *Auf dem*

Nun schwingt man nämlich hinunter nach **Elvershausen**, *Weg ins* wo – logisch – der nächste Höhenflug samt Kurvenpartie, *Leinetal*

Abendstimmung im Leinebergland

nun auf breiterer Straße, schon wartet. Über **Lagershausen** rollt man also auf angenehme Weise retour ins **Leinetal**. Dort muss man nun entscheiden, ob man gleich am Flüsschen Leine zurück nach Hildesheim surft oder sich ein-

GESCHICHTE DES EINBECKER BIERES

Eine Rechnung vom 28. April 1378 belegt, dass seinerzeit zwei Tonnen Einbecker Bier nach Celle verkauft wurden. Später ziehen Einbecker Biertrecks nach Norden wie nach Süden. Am 17. April 1521 erhält Martin Luther von Herzog Erich auf dem Reichstag zu Worms einen Krug Einbecker Bier und lobt es: »Der beste Trank, den einer kennt, der wird Einbecker Bier genannt.« 1612 wird ein Einbecker Braumeister nach München abgeworben, um dort das »Ainpöckische Bier« zu brauen. Durch Verballhornung von »Ainpöckisch« zu »Oanpock« entsteht der Begriff »Bockbier«. 1794 wird die Einbecker »Städtische Brauerei« durch Zusammenlegung der Einzelbraurechte gegründet. Schon 57 Jahre später wird das erste Bier in Flaschen abgefüllt, in die spezielle Einbecker Flasche. Diese ist seitdem unverändert eines der Wahrzeichen des Einbecker Brauhauses.

gehender mit der nahen Bierstadt **Einbeck** befasst. Die Besichtigung sollte vor der Rückfahrt eigentlich so etwas wie ein Pflichtprogramm sein. Immerhin kann man hier wunderschöne Fachwerkhäuser bewundern. Außerdem sollte man auch den traditionsreichen Gerstensaft der Stadt probieren, wenigstens wenn die Tour für heute in Einbeck und nicht, wie eigentlich geplant, in Hildesheim endet.

Nr.	Straße km	Position	Richtung	Information	
18	B 1 / 15 km	Nordstemmen	Hildesheim	zurück zum Ausgangspunkt	B 1 / 15 km
17	28,5 km	Freden	Alfeld, Gronau, Nordstemmen	in Freden Leinebrücke queren und dann stets an Fluss Leine entlang in die angegebene Richtung	28,5 km
16	14 km	Haieshausen	Freden	Leinebrücke passieren und am Fluss entlang Richtung Norden	14 km
15	6,5 km	Salzderhelden	Rittierode	B 3 über Abfahrt verlassen und durch Salzderhelden fahren. Dabei dem Verlauf der Leine folgen	6,5 km
14	B 3 / 8 km	Edesheim	Einbeck	schnelles Verbindungsstück	B 3 / 8 km
13	3 km	außerorts	Edesheim	bald A 7 unterqueren	3 km
12	B 248 / 1 km	außerorts	Northeim	nur kurz auf B 248 bleiben, dann den Hinweisen Richtung Edesheim folgen	B 248 / 1 km
11	9 km	Elvershausen	Lagershausen	erneut landschaftlich reizvolle Strecke	9 km
10	5 km	außerorts	Marke	nun auf schmaler Straße nach Marke und dort weiter Richtung Elvershausen	5 km
9	2,5 km	Förste	Dorste	flotter Abschnitt durch das Sösetal	2,5 km
8	12 km	Echte	Förste, Osterode	tolle Kurvenstrecke durch den Westerhöfer Wald	12 km
7	B 445 / 10 km	Bad Gandersheim	Kalefeld, Echte	flotter Streckenabschnitt	B 445 / 10 km
6	24 km	Adenstedt	Bad Gandersheim	nach 6 km rechts Richtung Freden halten. Nach weiteren 3,5 km dann links ab	24 km
5	6,5 km	Sack	Adenstedt	weiter schöne Kurven in landschaftlich anmutiger Strecke	6,5 km
4	9,5 km	Sibbesse	Alfeld	nach 3 km – hinter Westfeld – rechts Richtung Alfeld abbiegen	9,5 km
3	14 km	Hildesheim-Ochtersum	Diekholzen	es folgt Kurvenstrecke durch den Hildesheimer Wald	14 km
2	B 243 / 4 km	Hildesheim	Bockenem	Hildesheim auf breiter Bundesstraße verlassen	B 243 / 4 km
1	B 1 / 4 km	Hildesheim	Hameln	ab A 7, Abfahrt Hildesheim, der B 1 folgen	B 1 / 4 km

Dieses Roadbook zum Heraustrennen im Anhang

ℹ INFORMATION

• **Hildesheim**
Tourist-Information Hildesheim
Rathausstr. 20
31134 Hildesheim
Tel. 05121/1 79 80
Fax 05121/17 98 88
E-Mail tourist-info@hildesheim.com
Internet www.hildesheim.de

• **Einbeck**
Tourist-Information der Stadt Einbeck
Altes Rathaus
Marktplatz 6
37574 Einbeck
Tel. 05561/91 61 21
Fax 05561/91 63 00
E-Mail touristinfo@einbeck.de
Internet www.einbeck.de

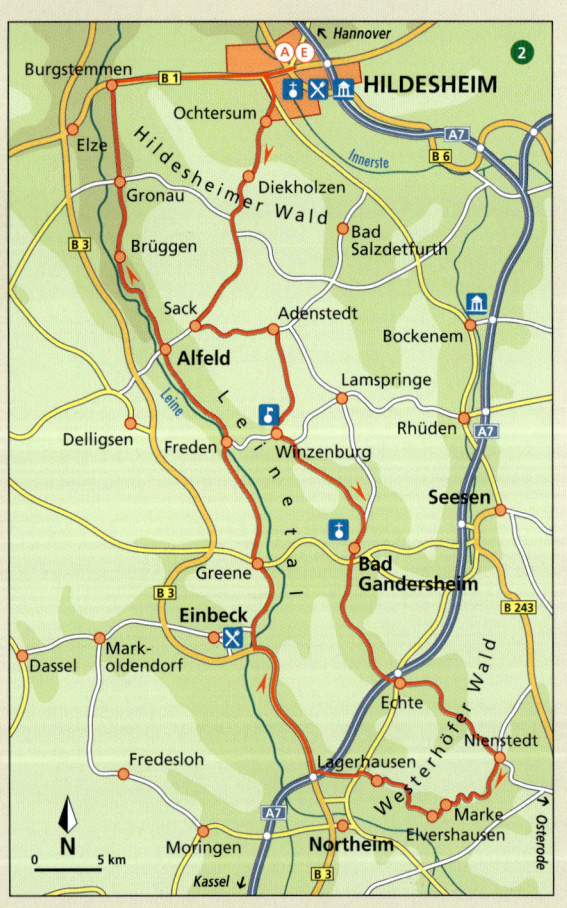

NIEDERSACHSEN

UNTERKUNFT

• **Osterode**
MotoRoute-Hotel »Sauerbrey«
Fritz Sauerbrey, Friedrich-Ebert-Str. 129
37520 Osterode-Lerbach
Tel. 05522/5 09 30, Fax 05522/50 93 50
E-Mail info@hotelsauerbrey.de
Internet www.motoroutenet.de oder
www.hotel-sauerbrey.de
Wunderschönes MotoRoute-Hotel, wo man
sich als Motorradfahrer rundum wohl fühlt.

ESSEN & TRINKEN

Allein Hildesheim bietet eine große Anzahl
guter Restaurants. Das Gleiche gilt für Einbeck, wo man natürlich auch noch den berühmten Gerstensaft probieren kann – wenigstens wenn das Motorrad anschließend
Pause hat.

MOTORRADFAHREN

Es ist kaum zu verstehen, dass das Leinebergland neben Harz und Weserbergland in
Motorradfahrerkreisen ein Schattendasein
führt. Immerhin gibt es hier tolle Kurven in
allen Variationen. Außerdem beginnt die
Motorradsaison deutlich früher als in höheren Lagen, meistens schon ab Anfang März.
Motorradtreffs: Vor allem sonntags trifft
man sich an der B 3 in Hildesheim-Ochtersum, nahe Schloss Marienburg.

KARTEN

Generalkarte Deutschland (Mairs geographischer Verlag) 1:200 000, Großblatt 6
»Niedersachsen Süd, Hessen Nord«.

VERANSTALTUNGEN

• **Einbeck**
Die Veranstaltungskalender der Gegend sind
üppig gefüllt, aber das Einbecker Eulenfest,
das in der Regel am zweiten Oktoberwochen-
ende stattfindet, dürfte ein gewisser Höhe-
punkt sein. Da wird die Bierstadt nämlich zu
einer einzigen Partymeile.

SEHENSWERT

• **Hildesheim**
Das Knochenhaueramtshaus aus dem Jahr
1592 wurde komplett aus Holz erbaut –
selbst die Nägel und Verbindungsstücke sind
aus Holz. Öffnungszeiten: Dienstag bis Sonntag, 10.00–18.00 Uhr.
Der Hildesheimer Dom zählt zum Unesco-
Weltkulturerbe. In seinem Inneren finden
sich Hauptwerke der Hildesheimer Erzgießer
(Radleuchter, Taufbecken), am Westportal die
Bronzetüren von 1015 und die Christus-
säule. An der Chorapsis wächst der Tausend-
jährige Rosenstock.
Infos für Hildesheim: Touristinformation Hildesheim, siehe Information.

• **Störy**
Das Kleinwagenmuseum Störy (bei Bocke-
nem) dokumentiert auf rund 2200 Quadrat-
metern die Entwicklung der Motorisierung in
Deutschland nach dem Zweiten Weltkrieg.
Hier gibt es Fahrräder, Mopeds, Motorräder,
Motorroller und Kleinwagen zu sehen.
Öffnungszeiten: 15. März bis 31. Oktober,
Sonnabend, Sonntag und an Feiertagen von
10–18 Uhr.
Infos: Auto-Museum Störy
31167 Bockenem-Störy
Tel. 05067/759
Fax 05067/6 92 96

Zur Burg Hanstein

Selbst wenn man am Startpunkt in Osterode den wunderschönen Harz ganz nahe vor Augen hat, sollte man sein Motorrad ruhig mal gen Süden steuern. Dort warten nämlich ebenfalls erstklassige Strecken, die Kurvenfans begeistern werden.

Gleich hinter Katlenburg, wo der Harz letztmals für einige Augenblicke im Rückspiegel auftaucht, beginnt ein reizvolles Teerband. Man kurvt dort durch zahlreiche Kehren hinüber ins weite Leinetal (siehe auch Tour 2). Bei der mit Serpentinen durchsetzten Abfahrt sollte man allerdings Obacht geben, denn hier ziert hin und wieder nerviger Rollsplitt die zudem recht holprige Fahrbahn. Danach – auf Höhe **Sudheim** – biegt man nach links ab und rollt durch Örtchen wie Bühle oder Bishausen ins hübsche **Bevertal**. Dieses wird überragt von der Burgruine **Hardenberg**, die als Heimat des gleich-

Unterwegs bei Suterode

namigen Geschlechts gilt, das man heute noch wegen des bekannten Korns mit dem Keilerkopf kennt.

Durchs Leinetal Richtung Hann. Münden

Von hier aus ist es dann nicht mehr weit ins schon erwähnte **Leinetal**. Wie eine breite Mulde verläuft es in Nord-Süd-Richtung und bietet Platz für eine der wichtigsten Verkehrs-achsen Deutschlands. Nicht nur die B 3, auch die A 7, die D-Zug-Strecke von Hamburg nach Basel oder München und die Nord-Süd-Trasse des ICE finden hier reichlich Platz. Letztlich muss man nur knapp 10 Kilometer auf den Tacho bringen, um das alles hinter sich zu lassen. Kurz nach dem Ortsende von Adelebsen taucht man nämlich schon

Kirschblüte im Werratal

wieder in die Einsamkeit und zwar in den östlichen **Solling** ab. Dort ist man meistens auf schmalen Teerpisten unter-wegs und erlebt manch angenehme Kurve. Oder man rollt durch kleine Dörfer, wie Emmenhausen, Esebeck oder Barterode. So wuselt man immer weiter Richtung **Hanno-versch Münden**, eine wirklich hübsche Stadt, über die man auch einiges bei Tour 1 nachlesen kann.

Durchs Werratal zur Burgruine Hanstein

Den weiteren Tourenverlauf bestimmt die B 80, die sich parallel zur **Werra** hinzieht. Man düst recht flott nach Witzenhausen, wo man kurz hessischen Teer unter die Räder bekommt. Übrigens: Wer hier im Frühjahr unterwegs ist, erlebt einen Blütentraum par excellence. Denn rund um **Witzenhausen** blühen dann 150 000 Kirschbäume, ein wirklich einmaliges Bild. Einzigartig ist auch, was danach passiert. Nun folgt nämlich ein Teerband, das garantiert nur jeweils einem Fahrzeug Platz bietet, und auf ihm schwingt man hinauf zur Burgruine **Hanstein**, bis zur Wende östlich

Burgruine Hanstein

des Stacheldrahts gelegen. Die Burg selbst gilt übrigens als eine der schönsten mittelalterlichen Festungsanlagen Deutschlands. Aber auch die Aussicht ist umwerfend – über das Bergland links und rechts der Werra.

Besonders erwähnenswert ist der »Klausenhof«, nur ein Stück weiter. Hier wird eine Gastronomie zelebriert, die mit Fastfood oder Suppen aus der Tüte nichts gemein hat. Vielmehr setzt man auf Hausgeschlachtetes, frisches Wild, gesunde Kräuter und, und, und … – alles völlig unkonventionell, wie auch die Übernachtungsmöglichkeiten. Schauen Sie doch einfach mal rein.

Zurück Richtung Harz

Natürlich sind die Burgruine Hanstein und die Gastronomie des Klausenhofs ganz besondere Highlights dieser Tour, dennoch war das noch lange nicht alles. Zunächst rollt man nämlich Richtung **Hainich**, ein landschaftlich interessanter Höhenzug (siehe auch Route 6) auf halber Strecke zwischen Harz und Thüringer Wald.
Auch dort erlebt man ein paar kernige Schräglagen, die einen zuletzt nach **Heiligenstadt**, ebenfalls sehr sehenswert, bringen.

Kurvenspaß bei Northeim

NIEDERSACHSEN/THÜRINGEN

45

*Hügelland
Eichsfeld*

Nun geht es zügig weiter Richtung **Duderstadt**, wieder in Niedersachsen. Planen Sie unbedingt einen Abstecher in die historische Altstadt ein. Der kann wegen eines durchdachten Verkehrskonzepts sogar per Motorrad stattfinden. Außerdem sollte man in der Markstraße dem Eiscafé »Al Pino« einen Besuch abstatten. Hier werden leckere Megaeisportionen zu kleinen Preisen kredenzt. Also – Duderstadt, das muss sein.

Genau wie der kurze Fußmarsch zur **Rhumequelle** in Rhumspringe. Deutschlands größter artesischer Brunnen – die Quelle schüttet rund 2500 Liter Wasser pro Sekunde aus – ist höchst interessant, tritt hier doch Sickerwasser der Sieber (ein Fluss im Südharz) wieder zu Tage. Anschließend warten noch ein paar tolle Kurven hinüber nach **Pöhlde**. Dann geht's weiter nach **Herzberg,** und zuletzt rollt man am südlichen Harzrand auf der alten Bundesstraße (kurz hinter der monströsen Kreissparkasse in Herzberg links ab!) zurück nach **Osterode**.

Nr.	Straße km	Position	Richtung	Information		
19	12 km	Herzberg	Osterode	auf alter Nebenstrecke zurück zum Ausgangspunkt		12 km
18	20 km	Duderstadt	Herzberg	flotte Kurvenstrecke		20 km
17	23 km	Heiligenstadt	Duderstadt	nun rollt man durch das Eichsfeld		23 km
16	12,0 km	hinter Kalteneber	Heiligenstadt	weiterhin schöne Strecke		12,0 km
15	18 km	hinter Bornhagen	Vatterode, Kalteneber	es folgt hübsche Strecke in den Höhenzug Hainich hinein		18 km
14	5 km	vor Werrabrücke	Werleshausen, Burgruine Hanstein	B 27 verlassen und nun stets den Hinweisen zur Burgruine Hanstein folgen		5 km
13	B 27 8 km	Witzenhausen	Bad Sooden-Allendorf	weiter durchs Werratal		B 27 8 km
12	B 80 22 km	Hann. Münden	Hedemünden, Witzenhausen	schöne Strecke an Werra entlang		B 80 22 km
11	12,5 km	Jühnde	Hedemünden, Meensen, Hann. Münden	erneut landschaftlich reizvolle Strecke		12,5 km
10	B 3 7 km	Dransfeld	Göttingen, Jühnde	B 3 1,5 km hinter Dransfeld nach rechts verlassen		B 3 7 km
9	12,7 km	Esebeck	Barterode	hinter Barterode links Richtung Dransfeld		12,7 km
8	2,7 km	außerorts an Busstopp	Emmenhausen	nach 400 m links in Schleeweg einbiegen, dann rechts Richtung Esebeck halten		2,7 km
7	2,8 km	Harste	Adelebsen, Uslar	In Harste erst Richtung Adelebsen; nach 200 m links Richtung Uslar halten		2,8 km
6	6,5 km	kurz nach Abzweig zu B 3	Harste	man passiert nun das breite Leinetal		6,5 km
5	0,8 km	Nörten-Hardenberg	Göttingen	Nörten-Hardenberg Richtung Göttingen verlasssen		0,8 km
4	0,5 km	Nörten-Hardenberg	Göttingen	durch Nörten-Hardenberg fahren		0,5 km
3	6 km	auf Höhe Sudheim	Bishausen, Nörten-Hardenberg	weiterhin kaum frequentierte Straße		6 km
2	B 247 11 km	Katlenburg	Duderstadt, Sudheim	Bundesstraße nach 400 m verlassen – es folgt hübsche Strecke		B 247 11 km
1	B 243 15 km	Osterode	Northeim	stets den Hinweisschildern Richtung Northeim folgen		B 243 15 km

Dieses Roadbook zum Heraustrennen im Anhang

INFORMATION

Harzer Verkehrsverband
Marktstr. 45, 38640 Goslar
Tel. 05321/3 40 40, Fax 05321/34 04 44
E-Mail Harzer.Verkehrsverband@t-online.de
Internet www.harzinfo.de

Fremdenverkehrsverband Thüringen
Stauffenbergallee 18, 99085 Erfurt
Tel. 0361/5 40 22 34

UNTERKUNFT

• **Osterode**
MotoRoute-Hotel »Sauerbrey«
Fritz Sauerbrey, Friedrich-Ebert-Str. 129
37520 Osterode-Lerbach
Tel. 05522/5 09 30, Fax 05522/50 93 50
E-Mail info@hotelsauerbrey.de
Internet www.motoroutenet.de oder
www.hotel-sauerbrey.de
Wunderschönes MotoRoute-Hotel, wo man
sich als Motorradfahrer rundum wohl fühlt.

• **Bornhagen**
Wirtshaus Klausenhof, Unterm Hanstein
37318 Bornhagen/Eichsfeld
Tel. 036081/6 14 22, Fax 036081/6 77 21
E-Mail Klausenhof@t-online.de
Internet www.klausenhof.de
Uriges Wirtshaus unterhalb der Burgruine
Hanstein

ESSEN & TRINKEN

• **Bornhagen**
Das Eichsfeld ist wohl die Mettwurstgegend
der Welt. Aber auch andere Hausschlacht-
würste stellt man hier in allerbester Qualität
her. Wer das alles probieren möchte, dem sei
ebenfalls der Klausenhof (Adresse siehe
Unterkunft) empfohlen.

• **Nörten-Hardenberg**
Burghotel Hardenberg, Hinterhaus 11 a
37176 Nörten-Hardenberg
Tel. 05503/98 10, Fax 05503/98 16 66
Hier wird edelste Küche geboten

• **Duderstadt**
Eiscafé Al Pino
Marktstr. 20, 37115 Duderstadt
Tel. 05527/7 10 00
Ein toller Leckermäulchentreff für Liebhaber
italienischer Eiskultur

MOTORRADFAHREN

Es sind vor allem die kleinen, abgelegenen
Straßen, die diese Tour so einmalig machen,
aber wegen teils zernarbter Teerdecken auch
mehr Power im Hirn als in der Gashand er-
fordern. Keine Motorradtreffs.

KARTEN

Generalkarte Deutschland (Mairs geographischer Verlag) 1:200 000, Großblatt 6
»Niedersachsen Süd, Hessen Nord«

VERANSTALTUNGEN

• **Osterode**
Drei freundliche Tage, das Altstadtfest von
Osterode findet jedes Jahr im Mai statt.
Infos: Wego – Osterode, Tel.
05522/3 15 91 72

• **Witzenhausen**
Witzenhäuser Kesperkirmes, ein Altstadtfest
mit Wahl der Witzenhäuser Kirschenkönigin,
deutschen Meisterschaften im Kirschstein-
spucken und einer Oldtimer-Ausfahrt findet
jedes Jahr im Juli statt.

Infos: Verkehrsverein Witzenhausen
Walburger Str. 8, 37213 Witzenhausen
Tel. 05542/91 02 85
www.kesperkirmes.de

SEHENSWERT

• Osterode
Osterode hat eine sehr hübsche Innenstadt
mit überdimensionaler Fußgängerzone zum
Relaxen
Infos: Fremdenverkehrsamt Osterode
Eisensteinstr. 1, 37520 Osterode
Tel. 05522/31 83 32, Fax 05522/31 83 36
E-Mail mueck@osterode.de
Internet www.osterode.de

• Bornhagen
Burgruine Hanstein (siehe S. 43)
Infos unter Tel. 036081/6 13 11
Öffnungszeiten: April–Oktober, täglich
10.00–18.00 Uhr

• Duderstadt
Die vielleicht interessanteste Stadt des
Eichsfeldes sollte man besuchen, wenn man
in der Nähe ist.
Infos: Gästeinformation Duderstadt
Marktstr. 66
37115 Duderstadt
Tel. 05527/84 12 00
Fax 05527/84 12 01
E-Mail gaesteinfo@duderstadt.de
Internet www.duderstadt.de

Kurvenspaß im Westharz

Nun ist es soweit: Die erste Tour in den prächtigen Harz steht an. Genießen Sie also geniale Kurven, schöne Fernsichten und ein paar heimelige Ecken, wo man allen Stress der Moderne in null Komma Nichts vergessen kann.

Auch diese Tour startet in **Osterode**, das sich übrigens gern »Tor zum Harz« nennt und damit nicht ganz Unrecht hat. Immerhin kann man das höchste norddeutsche Mittelgebirge über die hübsche Kreisstadt am Ausgang des Sösetals aus fast allen Richtungen recht flott erreichen. Für Motorradfahrer dürfte zudem ein Dorf namens **Lerbach** (heute ein eingemeindeter Stadtteil von Osterode) interessant sein. Dort finden Motorradfahrer nämlich beste Voraussetzungen für ihren Motorradurlaub.

An der Okertalsperre

NIEDERSACHSEN

Und zwar in doppelter Hinsicht: Zunächst bietet das bekannte **MotoRoute-Hotel »Sauerbrey«** alles an, was Motorradfahrer sich im Allgemeinen so wünschen: Garagenstellplätze, begleitete Touren mit dem ortskundigen Hausherrn Fritz und jede Menge kostenlose Roadbooks. Letztere findet man übrigens auch zum Downloaden im Internet unter: www.motoroute.net. Und dann muss man speziell den Campingplatz, idyllisch im Talschluss gelegen, erwähnen. Hier treiben Beate und Leo – natürlich kurven die beiden am liebsten mit dem Motorrad durch die Gegend – ihr nettes Unwesen. Zu der äußerst gepflegten Anlage gehört obendrein eine Zeltwiese, wo man Lagerfeuerromantik zelebrieren kann. Kurzum, Lerbach ist ein richtig hübsches Motorraddorf, das man einfach mal besucht haben muss.

Durchs einsame Innerstetal

Logisch, dass unser Roadbook erst einmal dort hinführt. Bald hinter dem **Butterbergtunnel** rollt man durch das lang gezogene Straßendorf, das meist nur zwei Häuser breit ist und am Ortsende obendrein ein paar knackige

Wilde Oker Serpentinen samt wunderbarem Fahrspaß hinauf zum so

genannten **Heiligenstock** bietet. Hier gerät man kurz auf die breite B 241, aber nur für ein paar Meter, denn schon nach der zweiten Kurve biegt man links ab, und dort wartet ein gemütlicher Surf durch eine landschaftliche Idylle. Man könnte auch vorher auf dem Parkplatz linkerhand einen kurzen Stopp einplanen. Denn hier genießt man eine grandiose Fernsicht, die bei klarem Wetter von Osterode mit seinen charakteristischen Gipsbergen bis hin zum Hohen Meißner reicht.

Topmotor-radhotel Sauerbrey

Wie auch immer, so oder so landet man im **Oberen Innerstetal**. Auch etwas ganz Besonderes, denn nach dem Lerbacher Serpentinensurf und der Megaausssicht folgt nun ein einspuriges (!) Sträßchen, das am munter plätschernden Flüsschen **Innerste** entlangführt. Dabei lässt man garantiert allen Stress der Moderne hinter sich. Wer noch mehr relaxen mag, dem seien die Uferzonen der nahen Teiche, wie **Haderbacher** oder **Hahnebalzer Teich,** als Ort der vollendeten Ruhe und obendrein als sommerliche Badewanne für Wasserratten aller Kategorien empfohlen.

Übrigens: Im Oberharz gibt es solche Teiche fast überall. Einst wurden sie als Energiereservoire für den Bergbau angelegt und mittels Gräben und anderer pfiffiger Bauwerke

NIEDERSACHSEN

Stabkirche in Hahnenklee

miteinander verbunden. Die Gesamtanlage kennt man unter dem Namen »Oberharzer Wasserregal«, was natürlich als Industriedenkmal durch die Harzwasserwerke erhalten wird.

Spuren aus einer anderen Zeit

Früher oder später wird man das Obere Innerstetal verlassen. Und eines sei garantiert, man wird es so schnell nicht wieder vergessen. Die sonst intakte Straße mutiert auf den letzten paar Metern nämlich zur rüden Holperpiste, die zumindest im Harz ihresgleichen sucht. Wer dabei die Zeit findet, nach rechts zu schauen, der wird am Hang gegenüber noch Grundmauern der ehemaligen **Clausthaler Bleihütte** entdecken, die 1968 stillgelegt wurde und gewaltige Umweltschäden hinterließ. Das Innerstetal glich seinerzeit in diesem Bereich mehr oder weniger einer Mondlandschaft, wo gar nichts mehr wuchs. Zu giftig waren die Abgase der Erz verarbeitenden Betriebe, und der hohe Bleigehalt im Boden, der auch heute noch nachweisbar ist, tat ein Übriges. Nur das zähe Heidekraut konnte gedeihen, aber die Situation von vor rund 40 Jahren lässt sich heutzutage nur noch erahnen.

Etwas weiter auf dem Weg Richtung **Wildemann** fällt links der Straße der alte Förderturm des **Medingschacht** auf. Einst war er knapp 400 Meter tief, und auch hier wurden wie im gesamten Westharz silberhaltiger Bleiglanz, Zinkblende sowie diverse Kupfererze gefördert.

Über Seesen und Hahnenklee weiter nach Goslar

Geologisch interessant bleibt es auch danach. Denn bald kurvt man an einigen Bergen entlang, die überwiegend aus devonischen Riffkalken bestehen. Zu jenem bis zu 400 Millionen Jahre alten Massiv gehört der Iberg, in dessen Innerem sich die sehenswerte **Iberger Tropfsteinhöhle** öffnet. Nur zwei Kurven weiter taucht dann rechterhand der imposante Steinbruch Winterberg auf. Hier wird ein ziemlich reiner Kalk für industrielle Zwecke abgebaut. Von hier aus ist es gar nicht mehr weit bis **Seesen**, wo man den Harz für einen Moment verlässt, aber gleich wieder durchs **Tränkebachtal** hinauf zum **Sternplatz** allerlei Schräglagen genießt.

Toller Fahrspaß ist aber auch danach garantiert, wenn man ab **Lautenthal** über eine Straße namens »**Schwarze**

Tourstart am Hotel Sauerbrey

Hübichstein bei Bad Grund

Katz« hinauf nach **Hahnenklee** schwingt und anschließend ein paar Kurven bergab nach Goslar genießt. Das hier ziemlich nervende Überholverbot sollte man tunlichst beachten, denn die Kontrollorgane für die Verkehrssicherheit sind stets präsent.

Durch den Hochharz

Und noch ein Rat: Sobald man **Goslar** erreicht, sollte man dort einen Stadtbummel einplanen. Die rund 1000 Jahre alte Stadt besticht nämlich durch ein einmaliges Stadtbild mit prachtvollen Fachwerkfassaden. Außerdem wäre da noch die **Kaiserpfalz**, wo die deutschen Kaiser des Mittelalters zeitweise residierten. Von Goslar aus ist es nicht mehr weit bis ins **Okertal**, wo mächtige Granitfelsen, der künstlich angelegte **Romkerhaller Wasserfall** und der **Okerstausee** das Landschaftsbild nachhaltig prägen.

Und dann geht es ganz hoch hinaus. Ab **Altenau** wartet nämlich die aussichtsreiche »**Steile-Wand-Straße**«, die nach **Torfhaus** führt. Oben angekommen bekommt man nicht nur einen wunderbaren Blick zum Brocken hinüber geboten, sondern man darf sich auch auf allerlei Gespräche rund um das Motorrad freuen. Immerhin ist Torfhaus einer der größten Motorradtreffs Norddeutschlands.

Den weiteren Weg weist nun die B 4. Hier kann man den Gasschieber mal etwas intensiver betätigen, denn die breite Straße bietet keine engen Kurven. Auf Höhe **Braunlage** wechselt man dann auf die B 27, die zwar genauso gut ausgebaut ist, aber sich locker schwingend ins Odertal senkt. Erst dort hat das flotte Stück ein Ende. Genau am **Oderhaus** zweigt man also nach links ab und erlebt eine erneute Kurvenpartei vom Feinsten, die hinauf nach **St. Andreasberg** führt. In der alten Bergbaustadt folgt man anschließend den Hinweisen Richtung **Sonnenberg**, wo eine ganz lange und vor allem interessante Abfahrt retour nach Osterode beginnt. Vorher kommt man noch am aussichtsreichen **Stieglitzeck** und an der wunderschön gelegenen **Sösetalsperre** (Baden streng verboten – da Trinkwasser) entlang.

Nr.	Straße/km	Position	Richtung	Information	
17	B 498 / 18 km	hinter Dammhaus	Osterode	landschaftlich reizvolle Strecke durch das Sösetal nach Osterode	B 498 18 km
16	B 242 / 8 km	Sonnenberg	Clausthal-Zellerfeld	schnell fahrbare Strecke mit tollen Aussichten	B 242 8 km
15	6 km	St.Andreasberg	Sonnenberg	aussichtsreiche Strecke über den Rehberg	6 km
14	6 km	Oderhaus	St. Andreasberg	es folgt tolle Kurvenpartie	6 km
13	B 27 / 3,5 km	auf Höhe Braunlage	Bad Lauterberg	flottes Teilstück ins Odertal	B 27 3,5 km
12	B 4 / 12 km	Torfhaus	Braunlage	links geht's zum Motorradtreff Torfhaus; hier auch wunderschöner Blick zum Brocken	B 4 12 km
11	8 km	Altenau	Torfhaus	aussichtsreiche Bergstrecke	8 km
10	B 498 / 14 km	Oker	Altenau	es folgen das wunderschöne Okertal und die gleichnamige Talsperre	B 498 14 km
9	5 km	Goslar	Oker	unbedingt Abstecher in Goslars Altstadt einplanen	5 km
8	B 241 / 11 km	Kreuzeck	Goslar	wiederum Sahnestrecke mit reichlich Kurven; Überholverbote unbedingt beachten, da Kontrollen stattfinden	B 241 11 km
7	7,5 km	Lautenthal	Hahnenklee	tolle Kurvenstrecke namens Schwarze Katz	7,5 km
6	11 km	Seesen	Lautenthal	nun kurvt man über den Stemplatz ins Innerstetal	11 km
5	B 242 / 20 km	außerorts	Bad, Grund Seesen	der schönen Bundesstraße bis Seesen folgen	B 242 20 km
4	4 km	nach Rechtskehre	Zechenhaus	auf kleiner Straße durchs Obere Innerstetal; kurze Holperstrecke folgt	4 km
3	B 241 / 0,5 km	Parkplatz Heligenstock	Goslar	kurz auf mehrspuriger Bundesstraße bleiben; tolle Aussicht	B 241 0,5 km
2	7,3 km	Abzweig Lerbach	Lerbach	Straßendorf Lerbach durchfahren, dann auf Serpentinen bergan	7,3 km
1	B 241 / 1,7 km	Osterode – Bleichestelle	Goslar	Butterbergtunnel passieren	B 241 1,7 km

Dieses Roadbook zum Heraustrennen im Anhang

NIEDERSACHSEN

 **INFORMATION**

Harzer Verkehrsverband
Marktstr. 45, 38640 Goslar
Tel. 05321/3 40 40, Fax 05321/34 04 44
E-Mail Harzer.Verkehrsverband@t-online.de
Internet www.harzinfo.de

 UNTERKUNFT

- **Osterode**
MotoRoute-Hotel »Sauerbrey«
Fritz Sauerbrey, Friedrich-Ebert-Str. 129
37520 Osterode-Lerbach
Tel. 05522/5 09 30, Fax 05522/50 93 50
E-Mail info@hotelsauerbrey.de
Internet www.motoroutenet.de oder
www.hotel-sauerbrey.de
Wunderschönes MotoRoute-Hotel, wo man
sich als Motorradfahrer rundum wohl fühlt.

*Im Angesicht
des Brocken*

 ESSEN & TRINKEN

Im Harz liebt man es deftig. Oft stehen leckere Würste wie die Bregenwurst auf den
Speisekarten. Aber man findet darauf auch
die verschiedensten Wildgerichte. Eine Besonderheit sind die Harzer Sturmsäcke, in
der Größe mutierte Windbeutel mit Kirschsauce beispielsweise.

 MOTORRADFAHREN

Der Westharz besticht durch recht gute Straßen, die wegen der Topographie des Gebirges zwangsläufig allerlei Kurven bieten.
Allerdings sind vor allem an Sonn- und
Feiertagen hier auch viele Autos unterwegs.
Motorradtreffs: In Torfhaus an der B 4 zwischen Bad Harzburg und Braunlage. Man

trifft praktisch immer jemanden. An Feiertagen kann der gesamte Großparkplatz auch
schon mal komplett mit Motorrädern gefüllt
sein.

KARTEN

Generalkarte Deutschland (Mairs geographischer Verlag) 1:200 000, Großblatt 6
»Niedersachsen Süd, Hessen Nord«

 **VERANSTALTUNGEN**

- **Osterode**
Drei freundliche Tage, das Altstadtfest von
Osterode findet jedes Jahr im Mai statt.
Infos: Wego – Osterode,
Tel. 05522/3 15 91 72

SEHENSWERT

• **Osterode**
Osterode hat eine sehr hübsche Innenstadt mit überdimensionaler Fußgängerzone zum Relaxen
Infos: Fremdenverkehrsamt Osterode
Eisensteinstr. 1, 37520 Osterode
Tel. 05522/31 83 32
Fax 05522/31 83 36
E-Mail muecke@osterode.de
Internet www.osterode.de

• **Bad Grund**
Iberger Tropfsteinhöhle
37539 Bad Grund
Tel. 05327/82 93 91
Faszinierende Stalagmiten und Stalaktiten

• **Hahnenklee**
Gustav-Adolf-Kirche
38640 Hahnenklee
Tel. 05325/23 78

Die nordische Stabkirche wurde zwischen 1907 und 1908 im Stil der skandinavischen Stabkirchen errichtet

• **Lautenthal**
Niedersächsisches Bergbaumuseum
(Lautenthals Glück)
38685 Lautenthal
Tel. 05325/44 90
Einfahrt mil dem Grubenzug

• **Goslar**
Kaiserpfalz Goslar
38640 Goslar
Tel. 05321/70 43 58
Romanischer Pfalzbau und ehemaliger Sitz deutscher Kaiser
Rammelsberger Bergbaumuseum
38640 Goslar
Tel. 05321/75 00
UNESCO-Weltkulturerbe, da fast 1000 Jahre in Betrieb

Über den Kyffhäuser

Wer glaubt, dass es nur in den Alpen oder den höheren deutschen Mittelgebirgen Kurven mit höchstem Spaßfaktor gibt, der irrt. Testen Sie doch mal diese Runde, die wirklich alles und vor allem reichlich kernige Schräglagen bietet.

Gestartet wird dieses Mal in **Herzberg** am Busbahnhof, unterhalb des Welfenschlosses. Natürlich kann man die Tour auch von Osterode (siehe auch die beiden vorherigen Touren) aus angehen, das nur rund 12 Kilometer entfernt ist. Wie auch immer, jedenfalls wartet gleich hinter dem Städtchen am Südharz eine wunderschöne Strecke durch das landschaftlich ansprechende **Siebertal**.

Fast könnte man diese Tour gar nicht mehr machen, denn vor einigen Jahren wollte man das Siebertal mittels einer Staumauer zu einer Trinkwassertalsperre umfunktionieren. Dass es dazu nicht gekommen

Kalihalde Bischofferode

ist, lag am beherzten Auftreten vieler Bürger seinerzeit. So kann man das wirklich hübsche Tal heute noch in seiner unverfälschten Form erleben und auch die anregende Kurvenpartie hinauf zum **Sieberpass** genießen. Dort sollte man einen ersten Stopp einplanen, denn die Aussicht ist wirklich faszinierend.

Zwischenstopp am Scheunenhof

Nicht weniger interessant präsentiert sich dann der weitere Tourverlauf. Zunächst surft man durchs **Sperrluttertal,** welches dem Siebertal optisch recht ähnlich ist, nach **Bad Lauterberg.** Dort verlässt man den Harz, was aber keineswegs bedeutet, dass man nun sofort auf jeglichen Fahrspaß verzichten müsste. Allerdings sollte man im bald folgenden **Osterhagen** mit dem Gasschieber sehr dosiert umgehen, denn mitten im

Dorf stehen graue Kästen, die Raser das Fürchten lehren möchten. In **Tettenborn** könnte man beispielsweise das Grenzmuseum besuchen und in **Walkenried** lassen sich die beeindruckenden Reste eines imposanten Zisterzienserklosters besichtigen.

Förderturm in Holungen-Bischofferode

Und dann verlässt man das alte Bundesland Niedersachsen in Richtung Thüringen. Dabei ändert sich eigentlich kaum etwas, denn auch hier warten edle Teerbänder für Kurvenräuber. So rollt man über Ellrich nach **Appenrode.** Von dort aus geht's nach Ilfeld, dann folgt man der B 4 nach **Nordhausen.** Der Innenstadtverkehr dort bietet wenig Kurzweil, man sollte man ihn jedoch in Kauf nehmen. Immerhin wartet gleich im Süden der Stadt – und zwar im Dorf **Sundhausen** – der **Scheunenhof.** Hier werden erstklassige Produkte aus der heimischen Landwirtschaft

Allee auf dem Kyffhäuser

angeboten. Vor allem der Scheunenhofkäse, mal kein industrielles und mit Chemie voll gepumptes Lebensmittel, bietet sich als kulinarisches Highlight an.

Vom Kyffhäuser nach Bischofferode

Lecker – und zwar in fahrtechnischer Hinsicht – ist auch das, was danach folgt. Ab Kelbra steht nämlich eine geradezu sensationelle Bergstrecke über den **Kyffhäuser** an. Obendrein lohnt nach einem rund 6 Kilometer langen Kurventraum ein Abstecher zum **Kyffhäuserdenkmal**, einem Monumentalbau aus der Glanzeit der letzten deutschen Kaiser. Und es gibt noch mehr zu sehen. Am südlichen Fuß des steinalten Gebirges lädt die sagenhafte **Barbarossahöhle** zu einem Abstecher unter Tage. Hier soll Kaiser Barbarossa auf seine Wiederauferstehung warten.

Anschließend folgt eine ansprechende Strecke durch ein Gipskarstgebiet Richtung **Sondershausen**, ein alte Residenzstadt mit einer sehr sehenswerten Innenstadt. Nun ist es nicht mehr weit bis nach **Bischofferode**, einst recht

DIE BARBAROSSASAGE

Der mittelalterliche Kaiser Friedrich I., genannt Barbarossa, gelangte durch einen geheimnisvollen Zauber in ein unterirdisches Schloss im Kyffhäuserberg. Dort soll er schlafend auf einem Stuhl aus Elfenbein an einem großen, runden Tisch aus Marmor sitzen. Sein roter Bart leuchtet immer noch in feurigem Rot und ist durch den Tisch hindurch bis auf die Füße, sogar fast um den ganzen Tisch gewachsen. Nur alle hundert Jahre erwacht der Kaiser aus seinem tiefen Schlaf. Dann lässt er den treuen Zwerg Alberich nachschauen, ob die Raben noch immer um den Kyffhäuser fliegen. Ist dies der Fall, dann wird der Kaiser traurig. Er murmelt in seinen Bart, dass er noch hundert Jahre warten müsse, um zur Welt zurückzukehren. Erst wenn der Bart ganz um den runden Marmortisch gewachsen ist, wird des Kaisers Warten ein Ende haben. Dann wird sich ein stolzer Adler in die Lüfte schwingen und die Raben vertreiben. Gleichzeitig wird der Kaiser erwachen und mit seinen ebenfalls verzauberten Getreuen zur Welt hinauf steigen, um allenthalben Ordnung in Deutschland zu schaffen.

Kyffhäuser-denkmal

bekannt aus Rundfunk und TV. In der Zeit nach der Wende demonstrierten hier nämlich die Kalikumpel leidenschaftlich gegen die Schließung ihrer Gruben, was letztlich aber erfolglos war. Geblieben sind nur rötliche Abraumhalden und als Industriedenkmal der ehemalige Förderturm, der mahnend an die Vorkommnisse von damals erinnert.

Durchs nördliche Ohmgebirge retour Richtung Harz

Gleich hinter dem still gelegten Bergbaugebiet wartet eine interessante Höhenpartie durchs nördliche **Ohmgebirge**. Dieser kleine und kaum bekannte Höhenzug bietet erneut allerfeinstes Motorradvergnügen. Das gilt auch für den Tourabschnitt von **Zwinge** über **Bockelnhagen**, ein lange Zeit vergessenes Dorf im ehemaligen Sperrgebiet, nach **Bartolfelde**. Mittendrin surft man nämlich kurvenreich über eine

sanfte Höhe, die noch einer dieser ehemaligen Wachttürme als Denkmal ziert. Außerdem eröffnet sich hier eine wunderbare Aussicht auf den Harz, die bis zum 1142 Meter hohen Brocken reicht. Und damit nähert sich diese Runde ihrem Ende. Allerdings sollte man auch zum Schluss auf der Hut sein, denn die eigentlich schnelle Strecke wurde ebenfalls mit Radarkästen (z. B. in **Barbis**) gespickt.

Alter Grenzturm bei Bartolfelde

Nr.	Straße km	Position	Richtung	Information		km
18	12 km	Bartolfelde	Herzberg	schnelle Strecke mit Radarkästen in Barbis	T ⚠	12 km
17	10 km	Zwinge	Bockeln-hagen, Bartolfelde	an ehemaliger Grenze tolle Aussicht auf den Harz	✳	10 km
16	9 km	außerorts	Herzberg, Zwinge	interessante Kurvenstrecke	✳	9 km
15	6 km	Bischofferode	Holungen	bald rollt man an mächtiger Kalihalde entlang	✳	6 km
14	14 km	Wipperdorf	Bischofferode	nun kurvt man durch das ehemalige Kali-abbaugebiet von Bleicherode-Bischofferode	T ✳	14 km
13	17 km	Sondershausen	Wipperdorf	flottes Teilstück am Fluss Wipper entlang	T	17 km
12	23 km	Bad Frankenhausen	Sondershausen	nette Strecke durch Gipskarstgebiet	T ✳	23 km
11	B 85 19 km	Berga	Bad Frankenhausen	tolle Bergstrecke über den Kyffhäuser folgt; nach ca. 6 km lohnt Abstecher zum Kyffhäuserdenkmal	✳	B 85 19 km
10	B 80 5 km	Görsbach	Berga	schnelles Verbindungsstück	T	B 80 5 km
9	16 km	Sundhausen	Heringen, Görsbach	in Sundhausen sollte man den Scheunenhof besuchen, denn hier gibt es leckeren Käse zu kaufen	✳	16 km
8	B 4 12,5 km	Ilfeld	Nordhausen, Sondershausen	Bundesstraße führt teils an Gleisen der Harzquerbahn entlang; dann B 4 durch Nordhausen folgen	T ✳	B 4 12,5 km
7	6,5 km	Appenrode	Ilfeld	hübsche Strecke am Südharzrand	✳	6,5 km
6	8 km	Walkenried	Ellrich, Appenrode	in Walkenried den Hinweisen über Werna nach Appenrode folgen	T ✳	8 km
5	8,5 km	außerorts	Tettenborn, Walkenried	landschaftlich reizvolle Strecke	✳	8,5 km
4	B 243 5 km	Osterhagen	Nordhausen	flottes Verbindungsstück; Achtung: in Osterhagen stehen Radarkästen	T ⚠	B 243 5 km
3	5 km	Bad Lauterberg	Osterhagen	schöne Kurvenstrecke aus dem Harz heraus	✳	5 km
2	10 km	außerorts	Bad Lauterberg	bald Silberhütte passieren	✳	10 km
1	17 km	Herzberg	Sieber, St. Andreasberg	am Busbahnhof in Herzberg starten und dann stets den Hinweisen nach Sieber folgen; es folgt das wunderschöne Siebertal	T ✳	17 km

Dieses Roadbook zum Heraustrennen im Anhang

NIEDERSACHSEN/THÜRINGEN

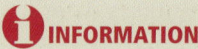 **INFORMATION**

Harzer Verkehrsverband
Marktstr. 45, 38640 Goslar
Tel. 05321/3 40 40, Fax 05321/34 04 44
E-Mail Harzer.Verkehrsverband@t-online.de
Internet www.harzinfo.de

 **UNTERKUNFT**

• **Osterode**
MotoRoute-Hotel »Sauerbrey«
Fritz Sauerbrey, Friedrich-Ebert-Str. 129
37520 Osterode-Lerbach
Tel. 05522/5 09 30, Fax 05522/50 93 50
E-Mail info@hotelsauerbrey.de
Internet www.motoroutenet.de oder
www.hotel-sauerbrey.de
Wunderschönes MotoRoute-Hotel, wo man
sich als Motorradfahrer rundum wohl fühlt.

• **Sieber**
Haus Iris
An der Sieber 102 b
37412 Herzberg-Sieber
Tel. 05585/355
Fax 05585/15 12
E-Mail haus-iris-sieber@t-online.de
Internet www.harzweb.de/haus-iris

 ESSEN & TRINKEN

Wer auf richtig gute Steaks oder deftige
Schlachtplatten direkt vom Erzeuger steht,
dem sei Dreymanns Mühle in Barbis (am
Ortseingang aus Richtung Bartolfelde rechts
halten) wärmstens empfohlen:
Dreymanns Mühle
An den Mühlen 1
37431 Bad Lauterberg-Barbis
Tel. 05524/58 05

Meister Vinzelberg und sein Scheunenhofkäse

VERANSTALTUNGEN

• **Herzberg**

Jedes Jahr im Juni und Juli finden in Herzberg bzw. Pöhlde zwei Motorradtreffen statt. Infos:
Stadt Herzberg am Harz, Touristinformation
Marktplatz 30/32, 37412 Herzberg am Harz
Tel. 05521/85 21 11, Fax 05521/85 21 20
E-Mail touristinfo@herzberg.de
Internet www.herzberg.de

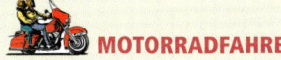

MOTORRADFAHREN

Gerade im ehemaligen Grenzgebiet zwischen Niedersachsen und Thüringen gibt es tolle Straßen, die Kurvenspaß vom Feinsten bieten. Außerdem darf man hier im Allgemeinen mit recht wenig Verkehr rechnen – auch an Wochenenden.

Motorradtreffs: Seit einiger Zeit trifft man immer mehr Motorradfahrer bei Dreymanns Mühle (siehe auch Essen & Trinken).

SEHENSWERT

• **Kelbra**

Kyffhäuserdenkmal
06537 Kelbra
Tel. 034651/27 80
Im 19. Jahrhundert errichtetes Kaiser-Wilhelm-Denkmal. Gleich in der Nähe: Barbarossahöhle

KARTEN

Generalkarte Deutschland (Mairs geographischer Verlag) 1:200 000, Großblatt 7 »Thüringen, Sachsen-Anhalt Süd«

Zum Höhen-zug Hainich

Es muss nicht immer der Harz sein. Selbst im südlichen Vorland des nördlichsten deutschen Mittelgebirges finden Kurvenräuber aller Kategorien nämlich beste Vorraussetzungen für Kurzweil mit dem Motorrad.

Auch diese Roadbooktour startet in **Herzberg** am Busbahnhof. Anders als bei Route 5 ist allerdings nicht der Harz das Ziel, sondern das südlich gelegene **Eichsfeld** und der interessante Höhenzug **Hainich**. Bevor man letzteren aber erreicht, gibt es noch eine Menge zu »erfahren«. Kurz vor Rhumspringe könnte man beispielsweise die **Rhumequelle** besichtigen. Genauere Infos zu diesem beeindruckenden artesischen Brunnen finden Sie bei Tour 3.

Nur etwas weiter rollt man durch **Brochthausen**, einst ganz nahe am gottlob vergangenen innerdeutschen Stacheldraht gelegen. Eine Er-

Auf der Hainichhöhe

NIEDERSACHSEN/THÜRINGEN

innerung daran dürfte auch der Name des beliebten Gasthauses im Ort sein, das sich heute noch »Zur Endstation« nennt und nach wie vor allerlei deftige Speisen der Region kredenzt. Anschließend quert man die fast unsichtbare Landesgrenze zu Thüringen, wo sich das **Ohmgebirge** in die Höhe reckt. Neben starken Kurven beeindruckt die wunderschöne Landschaft in diesem leider viel zu wenig bekannten Minigebirge.

Über den Höhenzug Dün nach Mühlhausen

Den Höhenzug **Dün** werden die allermeisten ebenso wenig kennen, geschweige denn von ihm gehört haben. Dabei warten auch dort wunderbare Kurven, wie eine sicher ganz und gar unerwartete Serpentinenstrecke gleich hinter **Rüdigershagen**. So nähert man sich auf angenehme Weise der Stadt Mühlhausen. Allerdings sollte man auf dem Weg dorthin, und zwar etwas weiter auf der B 247, recht sanft mit dem Gasschieber umgehen, denn diese Strecke

Unterwegs bei Kalteneber

erfreut sich bei der Polizei großer Beliebtheit für nachhaltige Blitzaktionen.

Rhumequelle

Mühlhausen selbst präsentiert sich übrigens als recht sehenswert, als die Stadt der Tore und der Kirchen. So wundert es nicht, dass die 59 Türme der Kirchen und der Stadtmauer dem Ort im Mittelalter den Namen »Mulhusia turrita« – das turmgeschmückte Mühlhausen – gaben. In jener Epoche galt Mühlhausen nach Erfurt sogar als bedeutendste Stadt Thüringens. Die architektonische Vielfalt, ja die gesamte Stadtanlage mit der erhaltenen und begehbaren Stadtmauer zeugen von der wirtschaftlichen und kulturellen Bedeutung der ehemaligen Reichsstadt. Im Bauernkrieg 1524/25 war Mühlhausen Sammelpunkt der Aufständischen. In der fünfschiffigen Marienkirche predigte ihr Anführer, der in der DDR verehrte Reformator Thomas Müntzer. Zudem gilt Mühlhausen als ein Zentrum protestantischer Kirchenmusik. Die dreischiffige Hallenkirche Divii Blasii war eine bedeutende Wirkungsstätte von Johann Sebastian Bach. Seit der Wende wurde die Stadt aufwendig restauriert und ist auf jeden Fall einen ausgiebigen Bummel wert.

NIEDERSACHSEN/THÜRINGEN

Hainich und Werra

Anschließend verlässt man die Stadt in Richtung **Hainich**, ein richtiges Motorrad-Eldorado. Dieses relativ kleine Mittelgebirge bildet nämlich nicht nur eine landschaftlich wunder-

bare Brücke zwischen dem Harz und dem weiter südlich gelegenen Thüringer Wald, sondern stellt sich als ein seltenes Naturjuwel vor. Deshalb wurde der Hainich, dessen höchste Erhebung auf 494 Meter über Normalnull gipfelt, teilweise zum Nationalpark erklärt. Ein logischer Schritt. Immerhin

Es geht auch durch typische Eichsfelddörfer

findet man hier eine außergewöhnliche Flora mit wunderschönen Laubmischwäldern und Edellaubhölzern, wie Elsbeere oder Bergulme. Und in ihrem Schutz gedeihen unter anderem einige Orchideenarten. Da fühlen sich auch selten gewordene Tiere, wie Schwarzstorch, Bechsteinfledermaus, Gelbbauchunke und die scheue Wildkatze wohl. Allerdings bekommt man sie wohl kaum zu Gesicht, wenn man zügig über den Höhenzug ins **Werratal** hinüberpfeilt.

Das weist dann auch erst einmal den weiteren Weg, man kurvt also über **Mihla** nach **Creuzburg**. Das ist ebenfalls ein sehr anmutiges, über 1000 Jahre altes Städtchen mit aktuell rund 2600 Einwohnern. Das besonders schöne Stadtbild wird von der gleichnamigen Burg geprägt, die über den Creuzburger Dächern thront.

Über Hessen weiter Richtung Harz

Nun ist es nicht mehr weit bis in den **Schlierbachswald**, einen kleinen Höhenzug, der erneut wunderbare Kurven und

Im Nationalpark Hainich

ebensolche Aussichten bietet. So erreicht man das hessische **Eschwege**. Aber auch danach bleibt es spannend. Denn ab

Bildstock im
Eichsfeld

dem Örtchen **Frieda** zockelt man erneut in den **Hainich** hinein und erlebt so eine wunderbare Strecke, die zuletzt nach **Heiligenstadt** führt.

Diese mit etlichen historischen Gebäuden gespickte Stadt liegt im Tal der Leine und gar nicht weit von den Bundesländern Hessen und Niedersachsen entfernt. Sie ist der traditionsreiche Hauptort des **Eichsfeldes**, das man nun in Richtung Duderstadt durchfährt und dabei eine bäuerlich geprägte Idylle erlebt. Allerdings sollte man dort auch ein wenig Obacht geben. Vor allem im Frühjahr und im Herbst muss man nämlich mit Spuren landwirtschaftlicher Tätigkeit mitten auf der Straße rechnen, und die können mitunter glatt wie Schmierseife sein. Über das hübsche **Duderstadt** (wurde bei Route 3 schon ausführlicher beschrieben)

und **Gieboldehausen** surft man zurück zum Ausgangspunkt und dürfte am Ende wissen, dass diese Region neben dem Harz auch noch andere herrliche Motorradtouren
bietet.

Nr.	Straße km	Position	Richtung	Information	
20	B 27 11 km	Gieboldehausen	Herzberg	auf teils breiter Bundesstraße retour zum Ausgangspunkt	B 27 11 km
19	B 247 12 km	Duderstadt	Gieboldehausen	flottes Verbindungsstück	B 247 12 km
18	12 km	Heiligenstadt	Duderstadt	nun kurvt man durch das so genannte Eichsfeld	12 km
17	24 km	Frieda	Heiligenstadt	aussichtsreiche Strecke durch den Hainich	24 km
16	B 249 8 km	Eschwege	Wanfried	erneut flottes Teilstück	B 249 8 km
15	10 km	Weißenborn	Eschwege	aussichtsreiche Strecke	10 km
14	7 km	Rittmannshausen	Weißenborn	nun kurvt man durch den Schlierbachswald	7 km
13	B 7 9,5 km	Creuzburg	Kassel	flottes Teilstück, oft Radar, Schloss, Kirche	B 7 9,5 km
12	9,5 km	Mihla	Creuzburg	an Fluss Werra entlang	9,5 km
11	22 km	Mühlhausen	Mihla	ansprechende Strecke durch den Hainich	22 km
10	B 247 8 km	außerorts vor Ammern	Mühlhausen	oft Radarkontrollen	B 247 8 km
9	14 km	Rüdigershagen	Hüpstedt, Mühlhausen	bald folgt eine wunderschöne Serpentinenstrecke	14 km
8	3 km	Niederorschel	Rüdigershagen	nun rollt man in den Höhenzug Dün	3 km
7	3 km	Kirchworbis	Niederorschel	flottes Verbindungsstück, oft Radar	3 km
6	B 80 2 km	Worbis	Kirchworbis	auch den Hinweisen Richtung Niederorschel folgen	B 80 2 km
5	20 km	außerorts	Worbis	landschaftlich reizvolle Strecke durchs Ohmgebirge	20 km
4	4,5 km	Brochthausen	Zwinge	man passiert die Landesgrenze zu Thüringen	4,5 km
3	4 km	Hilkerode	Brochthausen	Brochthausen war einst der letzte Ort vor der innerdeutschen Grenze	4 km
2	3 km	Rhumspringe	Hilkerode	vor Rhumspringe könnte man die Rhumequelle besichtigen	3 km
1	10 km	Herzberg	Rhumspringe, Duderstadt	am Busbahnhof in Herzberg starten, dann kurz auf B243, anschließend B27 zum Homanitwerk. Dort links weiter Richtung Duderstadt	10 km

Dieses Roadbook zum Heraustrennen im Anhang

ℹ INFORMATION

Harzer Verkehrsverband
Marktstr. 45, 38640 Goslar
Tel. 05321/3 40 40
Fax 05321/34 04 44
E-Mail Harzer.Verkehrsverband@t-online.de
Internet www.harzinfo.de

Fremdenverkehrsverband Thüringen
Stauffenbergallee 18, 99085 Erfurt
Tel. 0361/5 40 22 34

UNTERKUNFT

• **Osterode**
MotoRoute-Hotel »Sauerbrey«
Fritz Sauerbrey
Friedrich-Ebert-Str. 129
37520 Osterode-Lerbach
Tel. 05522/5 09 30
Fax 05522/50 93 50
E-Mail info@hotelsauerbrey.de
Internet www.motoroutenet.de oder

www.hotel-sauerbrey.de
Wunderschönes MotoRoute-Hotel, wo man
sich als Motorradfahrer rundum wohl fühlt.

• **Sieber**
Haus Iris
An der Sieber 102 b
37412 Herzberg-Sieber
Tel. 05585/355
Fax 05585/15 12
E-Mail haus-iris-sieber@t-online.de

 ESSEN & TRINKEN

• **Brochthausen**
Landgasthaus »Zur Endstation«
Deichstr. 2
37115 Duderstadt-Brochthausen
Tel. 05529/91 92 83
Am Ortsrand von Brochthausen (am ehe-
maligen Todesstreifen) liegt das liebevoll
und rustikal eingerichtete Gasthaus.

Gasthaus »Zur Erholung«
Brochthäuser Straße 65
37115 Duderstadt-Brochthausen
Tel. (05529) 96200
In diesem Gasthaus wird eine gutbürgerliche
Küche und vor allem auch Hausgeschlachte-
tes (lecker!) geboten.

• **Duderstadt**
Eiscafé Al Pino
Marktstr. 20
37115 Duderstadt
Tel. 05527/7 10 00
Ein toller Leckermäulchentreff für Liebhaber
italienischer Eiskultur

 MOTORRADFAHREN

Die Höhenzüge südlich vom Harz bieten
illustre Strecken für tollen Motorradspaß.
Allerdings ist man in einem stark land-
wirtschaftlich genutzten Gebiet unterwegs,
weshalb die Straßen hier und da schon mal
gefährlich verschmutzt sein können.
Da das beschriebene Gebiet nicht so
bekannt ist, sucht man Motorradtreffs im
Moment vergeblich.

KARTEN

Generalkarte Deutschland (Mairs geographischer Verlag) 1:200 000, Großblatt 6
»Niedersachsen Süd, Hessen Nord«

 VERANSTALTUNGEN

• **Herzberg**
Jedes Jahr im Juni und Juli finden in
Herzberg bzw. Pöhlde zwei Motorradtreffen
statt. Infos:
Stadt Herzberg am Harz
Touristinformation
Marktplatz 30/32
37412 Herzberg am Harz
Tel. 05521/85 21 11
Fax 05521/85 21 20
E-Mail touristinfo@herzberg.de
Internet www.herzberg.de

SEHENSWERT

Die Städte Mühlhausen, Creuzburg,
Heiligenstadt und Duderstadt sind äußerst
sehenswert und laden immer zu einem
Bummel ein.

Till Eulenspiegel & Co

Auf dieser Tour lernt man das interessante Harzvorland mit seinen kleinen, aber feinen Reizen bis zum Rand der südlichen Lüneburger Heide und noch ein Stückchen weiter kennen. Lassen Sie sich einfach überraschen.

Los geht's dieses Mal in **Halberstadt**, eingebettet zwischen Harz und Huy, einem kleinen Höhenzug im Norden. Bevor man den Motor startet, sollte man sich erst einmal etwas Zeit für die äußerst sehenswerte Stadt nehmen. Diese blickt nämlich als ehemaliger Bischofssitz auf eine rund 1200-jährige Geschichte zurück – ein ausgiebiger Bummel lohnt sich wegen der Baudenkmäler rund um den Domplatz. Imposante Sakralbauten wie der Dom St. Stephanus mit seinem weltberühmten Domschatz oder die romanische Liebfrauenkirche sind interessante Stationen

Im nördlichen Harzvorland

SACHSEN-ANHALT/NIEDERSACHSEN

81

an der »Straße der Romanik«, die auch durch Halberstadt führt.

Mitten in der Altstadt ist das urgemütliche **MotoRoute-Hotel »Abtshof«** zu Hause, für Motorradfahrer natürlich eine erstklassige Adresse. Hier schwingen Anke und Heiko ihr Zepter und stehen für begleitete Touren zur Verfügung. Gern gehen sie auch die hier beschriebene Route an, denn schon nach ein paar Kilometern findet man sich im **Huy** wieder. Das ist ein schmaler und vor allem recht kurvenreicher Höhenzug, mit einem imposanten Laubwaldbestand. Die bedeutendste Sehenswürdigkeit dort dürfte die **Huys-**

*Am Mittel-
landkanal*

burg sein, welche noch heute als Benediktinerkloster ge-
nutzt wird.

Grenzübertritt nach Niedersachsen

Hinter **Dedeleben** quert man die ehemalige innerdeutsche
Grenze, von der inzwischen kaum noch etwas zu sehen
ist. Kurz danach landet man in **Schöningen**, wo man einen
Abstecher zu dem mächtigen Braunkohletagebau einplanen
sollte. Außerdem liegt die Stadt am Fuß des **Elm**, der erneut
kurvige Straßen hinüber ins **Braunschweiger Land** bezie-

hungsweise nach **Königslutter** – der wohl schönsten Stadt hier – bietet. Eingebettet in eine sanfte Landschaft glänzt die romantische Kleinstadt mit dem Kaiserdom, mit Häusern aller Epochen – vom mittelalterlichen Fachwerk über Barockfassaden und edlen Klassizismus bis hin zu solider Bürgerlichkeit mit einem Hauch von Jugendstil. Man sollte also wieder mal Pause machen, bevor die Tour über das flache Land führt, aber keineswegs langweilig wird. Ländliche Straßen mit wenig Verkehr und hübsche, kleine Dörfer prägen hier das Bild. In **Fallersleben** könnte man den Verlauf des Roadbooks erneut verlassen und einen Abstecher in die Autostadt **Wolfsburg** einplanen. Wie auch immer, ein Stückchen weiter weist der Fluss Aller den Weg nach **Gifhorn**, den Wendepunkt dieser wunderschönen Runde.

Von der Heide zurück nach Halberstadt

Auch hier sollte man etwas Zeit einplanen und das **Mühlenmuseum** besuchen, denn im Museumsdorf finden sich die verschiedensten und vor allem originale Mühlen aus ganz

Allee in Sachsen-Anhalt

TILL EULENSPIEGEL

Schöppenstedt im Braunschweiger Land besitzt mit Till Eulenspiegel ein wahres Markenzeichen. Der mittelalterliche Schalk ist sicher in aller Welt bekannt. »Dyl Ulenspiegel« dürfte um 1300 in Kneitlingen, nahe Schöppenstedt, das Licht der Welt erblickt haben und um 1350 in Mölln gestorben sein. Obwohl letztlich exakte Nachweise für die tatsächliche Existenz der Person Till Eulenspiegel fehlen, ranken sich eine Menge Geschichten um ihn. So soll das Leben des Narren mit einer dreimaligen Taufe begonnen haben.

Erwachsen geworden, soll er dann Anweisungen wörtlich umgesetzt haben, was natürlich zu allerlei Verwirrung führte. Letztlich war sein Verhalten nur ein ebenso simples wie geniales Mittel, um die Unzulänglichkeiten und Laster seiner Mitmenschen bloßzustellen und Missstände seiner Zeit aufzudecken.

Das Zentrum aller Geschichten um Eulenspiegel ist natürlich das Braunschweiger Land. Allerdings kam er auch weit herum, nach Berlin, Ulm oder Nürnberg, und sogar nach Prag und Rom führten seine Wege.

An der Aller

Europa. Außerdem erhält man frisch Gebackenes und kann sich nachhaltig mit dem Müllerhandwerk vertraut machen. So gestärkt wird man getrost die Rücktour angehen, die zunächst **Braunschweig** östlich umrundet. Und dann gelangt man erneut in den Elm und zwar in das außerordentlich reizvolle **Reitlingstal**. Die kurvenreiche Straße und einige herrliche Ausblicke begeistern ganz sicher. Wenn man den Elm verlässt, bietet sich erneut ein einmaliges Panorama an. Vor uns erhebt sich der Fallstein, und auch die Höhen des Nordharzes kann man schon deutlich sehen. Nicht weniger schön präsentiert sich auch **Schöppenstedt** ein wenig weiter. Die Heimatstadt Till Eulenspiegels (siehe Extrakasten) verlässt man dann Richtung Süden und gelangt so bald nach **Mattierzoll**, wo einige museale Relikte, wie ein Original-

wachtturm, an die schmerzliche innerdeutsche Teilung erinnern. Über die Orte **Hessen** und **Dardesheim** pfeilt man
dann auf der B 79 zurück nach Halberstadt, wo man den Tag
im **MotoRoute-Hotel »Abtshof«** auf angenehmste Weise
ausklingen lassen kann.

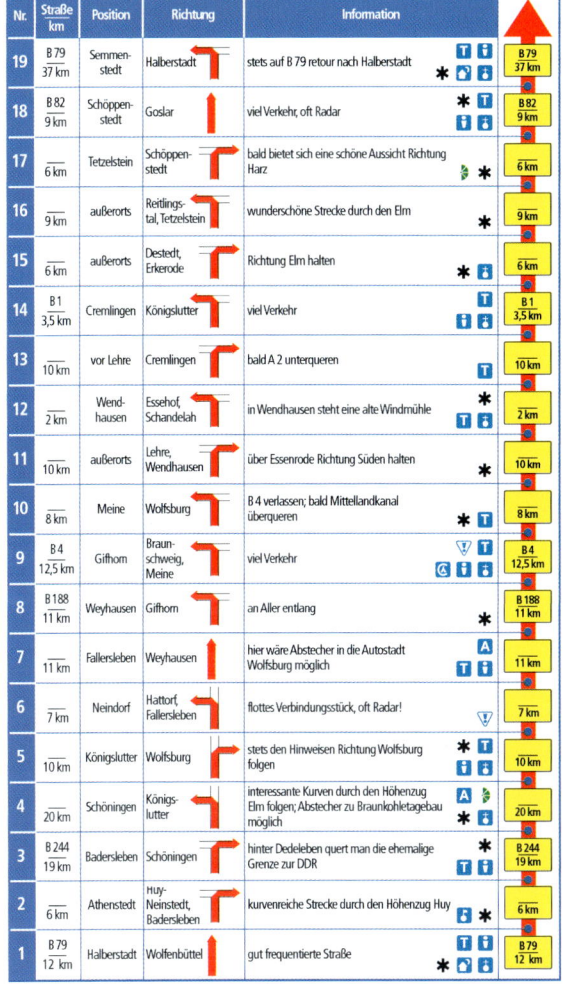

Nr.	Straße / km	Position	Richtung	Information	
19	B 79 / 37 km	Semmenstedt	Halberstadt	stets auf B 79 retour nach Halberstadt	B 79 / 37 km
18	B 82 / 9 km	Schöppenstedt	Goslar	viel Verkehr, oft Radar	B 82 / 9 km
17	6 km	Tetzelstein	Schöppenstedt	bald bietet sich eine schöne Aussicht Richtung Harz	6 km
16	9 km	außerorts	Reitlingstal, Tetzelstein	wunderschöne Strecke durch den Elm	9 km
15	6 km	außerorts	Destedt, Erkerode	Richtung Elm halten	6 km
14	B 1 / 3,5 km	Cremlingen	Königslutter	viel Verkehr	B 1 / 3,5 km
13	10 km	vor Lehre	Cremlingen	bald A 2 unterqueren	10 km
12	2 km	Wendhausen	Essehof, Schandelah	in Wendhausen steht eine alte Windmühle	2 km
11	10 km	außerorts	Lehre, Wendhausen	über Essenrode Richtung Süden halten	10 km
10	8 km	Meine	Wolfsburg	B 4 verlassen; bald Mittellandkanal überqueren	8 km
9	B 4 / 12,5 km	Gifhorn	Braunschweig, Meine	viel Verkehr	B 4 / 12,5 km
8	B 188 / 11 km	Weyhausen	Gifhorn	an Aller entlang	B 188 / 11 km
7	11 km	Fallersleben	Weyhausen	hier wäre Abstecher in die Autostadt Wolfsburg möglich	11 km
6	7 km	Neindorf	Hattorf, Fallersleben	flottes Verbindungsstück, oft Radar!	7 km
5	10 km	Königslutter	Wolfsburg	stets den Hinweisen Richtung Wolfsburg folgen	10 km
4	20 km	Schöningen	Königslutter	interessante Kurven durch den Höhenzug Elm folgen; Abstecher zu Braunkohletagebau möglich	20 km
3	B 244 / 19 km	Badersleben	Schöningen	hinter Dedeleben quert man die ehemalige Grenze zur DDR	B 244 / 19 km
2	6 km	Athenstedt	Huy-Neinstedt, Badersleben	kurvenreiche Strecke durch den Höhenzug Huy	6 km
1	B 79 / 12 km	Halberstadt	Wolfenbüttel	gut frequentierte Straße	B 79 / 12 km

Dieses Roadbook zum Heraustrennen im Anhang

INFORMATION

Harzer Verkehrsverband
Marktstr. 45, 38640 Goslar
Tel. 05321/3 40 40, Fax 05321/34 04 44
E-Mail Harzer.Verkehrsverband@t-online.de
Internet www.harzinfo.de

Halberstadt Information
Hinter dem Rathause 6, 38820 Halberstadt
Tel. 03941/55 18 15, Fax 03941/55 10 89
E-Mail halberstadt-info@halberstadt.de
Internet www.halberstadt.de

UNTERKUNFT

• **Halberstadt**
MotoRoute-Hotel »Abtshof«
Anke Jessat
Abtshof 27a, 38820 Halberstadt
Tel. 03941/6 88 30, Fax 03941/68 83 68
E-Mail info@abtshof-halberstadt.de
Internet www.motoroutenet.de oder
www.abtshof-halberstadt.de
Hübsches MotoRoute-Hotel in der Altstadt
von Halberstadt

ESSEN & TRINKEN

Halberstadt ist bekannt für die Halberstädter
Würstchen, die im Vorharz auch auf vielen
Speisekarten zu finden sind. Sie sind knackig
und schmackhaft und wurden als erste
Würstchen der Welt bereits anno 1896 in
Dosen verpackt.

MOTORRADFAHREN

Das nördliche Harzvorland ist genau das
richtige Terrain für Entdeckernaturen. Neben

durchaus interessanten Motorradpisten findet sich noch reichlich Sehenswertes.
Motorradtreffs: Am Tetzelstein im Elm ist ein
bekannter Motorradtreff, der vor allem am
Wochenende und nach Feierabend gut besucht wird.

KARTEN

Generalkarte Deutschland (Mairs geographischer Verlag) 1:200 000, Großblatt 6 »Niedersachsen Süd, Hessen Nord« und Großblatt 7
»Thüringen, Sachsen-Anhalt Süd«

VERANSTALTUNGEN

• **Oschersleben**
Rennstreckentrainings im Motopark finden
während der gesamten Saison statt.
Infos und Termine:
Shell Racing Academy
Motopark Allee 20–22
39387 Oschersleben
Tel. 03949/50 14 47
Fax 03949/50 14 48
E-Mail ShellAcademy@aol.com
Internet www.motopark.de

SEHENSWERT

• **Gifhorn**
Internationales Wind- und Wassermühlen-
Museum
Bromer Straße 2, 38518 Gifhorn
Tel. 05371/5 54 66, Fax 05371/5 56 40
Internet www.muehlenmuseum.de
Täglich von 10.00–18.00 Uhr geöffnet

• **Wolfsburg**
Autostadt
Stadtbrücke, 38440 Wolfsburg

Tel. 0800/2 88 67 82 38
Fax 0800/32 92 88 67 82 38
E-Mail service@autostadt.de
Internet www.autostadt.de

Die Autostadt verbindet unterschiedliche Themen und Blickwinkel zu einer spannungsreichen Erlebniswelt rund um das Auto und ist täglich rund um die Uhr geöffnet.

Östlicher Harz

Der östliche Harz bietet allerlei
Kurzweil und reichlich Sehenswertes.
Starten wir also einfach die
Motoren und lassen uns von alten
Dampfrössern, tollen Kurven,
dem einmaligen Bodetal und der
Teufelsmauer beeindrucken.

Halberstadt wirbt gern damit, dass es das »Tor zum
Harz« sei. Diesen Titel bean-
spruchen zwar auch andere Städte
am Rand des sagenumwobenen
Mittelgebirges, aber die sehenswerte Domstadt bietet sich als Ausgangspunkt für Motorradtouren in
den Ostharz wirklich an. Zumal das
MotoRoute-Hotel »Abtshof« in
der Altstadt zu Hause ist, wo man
motorisierten Zweiradfans einen
tollen Service offeriert.

Also, Start und Ziel dieser fas-
zinierenden Runde finden sich in
Halberstadt. Von dort aus pfeilt man
erst mal recht flott Richtung Harz.
Am **Pfeifenkrug** zweigt man dann

*Nostalgi-
sches Vehikel
in Allerode*

*An der Teu-
felsmauer*

rechts ab und folgt der »alten« B 6 nach **Heimburg**, wo eine wunderschöne Waldstrecke Richtung Elbingerode beginnt. Allerdings sollte man hier wegen des häufigen Rollsplitts auf der Teerdecke recht dosiert mit dem Gasschieber umgehen. Kurz vor dem Abzweig auf die B 244 Richtung Elbingerode könnte man schon einen ersten Stopp einplanen und das **Schaubergwerk Büchenberg** besuchen. Man erfährt hier Interessantes über die Eisenerzförderung und die Bergmannsarbeit in der ehemaligen DDR.

Abstecher nach Niedersachsen

Mit Eisen oder genauer Stahl hat auch das zu tun, was man als nächste Sehenswürdigkeit vors Visier bekommt. Kurz hinter **Elbingerode,** und zwar am Bahnhof **Drei Annen Hohne,** sind fast immer dampfende Stahlrösser der Harzer Schmalspurbahnen anzutreffen. Selbst zum Brocken, immerhin 1142 Meter hoch, zockeln sie und bieten dabei ein ganz besonderes Erlebnis, was allerdings auch einen beträchtlichen Preis hat. Im weiteren Tourverlauf kommt man über **Elend** nach **Sorge**. Beide Ortsnamen entstammen längst vergangenen Tagen und erinnern an die bittere Armut, in der die Menschen seinerzeit im Harz lebten und um scheinbar banale Dinge wie das tägliche Brot kämpfen mussten.

Im niedersächsischen **Hohegeiß** war das natürlich nicht anders. Allerdings prägte den Ort mehr die Geschichte nach dem Zweiten Weltkrieg. Der Ortsrand ist nämlich gleichzeitig die Landesgrenze zu Sachsen-Anhalt. Man lebte hier 40 Jahre lang Auge in Auge mit dem »Eisernen Vorhang« des selbst ernannten Arbeiter- und Bauernstaates.

Über die Harzhochstraße Richtung Mansfeld

In **Rothesütte** – inzwischen ist man in dem kleinen Thüringer Zipfel des Harzes unterwegs – begibt man sich auf einen wunderschönen Schleichweg. Die einspurige, aber geteerte Strecke über **Sophienhof** (wo man gut einkehren kann, siehe Essen & Trinken), Richtung Eisfelder Talmühle dürfte mit der Bezeichnung »Fahrweg« völlig korrekt klassifiziert sein und bietet ein Prise Abenteuer, bevor ein kurzweiliges Potpourri aus Bundesstraßen den weiteren Routenverlauf bestimmt. Das beginnt mit der B 81, die sich in wechselnden Richtungen hinauf nach **Hasselfelde** schlängelt.

Blick ins nördliche Harzvorland

SACHSEN-ANHALT/THÜRINGEN/ NIEDERSACHSEN

Das Bodetal Dort geht es auf der B 242, die man besser als Harzhochstraße kennt, Richtung Osten. Man kurvt dabei stets über
die Hochfläche des so genannten Unterharzes, der sich
allerdings recht eben präsentiert und nur langsam an Höhe
verliert. Auch treten Bäume oder gar Wälder in den Hinter-
grund, so dass fast immer weitreichende Aussichten möglich
sind. Am Horizont tauchen später ungewöhnliche Hügel auf,
die durch Menschenhand entstanden sind: Abraumhalden,
manche ziert sogar ein Gipfelkreuz, des ehemaligen Kupferschieferbergbaus im **Mansfelder Land**.

Wunderschönes Bodetal

Nun hält man sich Richtung Norden und schwenkt bald
auf **Ballenstedt** zu. Dort beeindrucken ein barockes Schloss
und andere sehenswerte Gebäude aus vergangenen Zeiten.

In **Gernrode** bietet die Stiftskirche ein imposantes Bild, und in **Bad Suderode** kurvt man dann wieder in den Harz hinein. Man rollt über Friedrichsbrunn nach **Allrode**, wo ein vorweggenommenes Finale der Tour ansteht. Auf einem nahezu einspurigen Sträßchen erreicht man nämlich das eindrucksvolle **Bodetal**.

Am besten plant man kurz hinter **Treseburg** einen Abstecher zur **Roßtrappe** ein, der zuletzt einen 15-minütigen Fußmarsch erfordert. Der allerdings lohnt, denn so erleben wir eine landschaftliche Szenerie, die für den Harz einmalig ist und den Alpen entliehen scheint. Unter mächtigen Felswänden aus knapp 200 Millionen Jahre altem Granit brodelt nämlich die Bode durch eine canyonähnliche Schlucht. Gleich gegenüber, fast zum Greifen nahe, ist auch der sagenhafte **Hexentanzplatz** gelegen, wo sich die Geliebten des Teufels stets vor ihrem Besenritt zum Brocken getroffen

Alte Stadt Quedlinburg

haben sollen. Bleiben wir noch ein wenig in der Welt der Sage.

Abstecher ins Mittelalter

Nur ein paar Kilometer weiter – gerade hat man den Harz über **Thale** nach Norden hin verlassen – erkennt man ein paar wilde Zacken, die sich respektlos in den Himmel recken. Das ist die sagenhafte **Teufelsmauer**, ein Sandsteinrücken, der zwischen Blankenburg und Timmenrode sowie bei Thale zu sehen ist. Die Mauer kennt die Sage auch als Werk des Satans. Die imponierende Felswand soll nämlich entstanden sein, als Gott und der Herr der Unterwelt sich einst auf die Aufteilung des Harzes einigten. Es wurde vereinbart, dass dem Teufel all das Land gehören solle, welches er in einer Nacht bis zum ersten Hahnenschrei mit einer Mauer umgeben könne. In jener Nacht war aber eine alte Frau auf dem Weg zum nächsten Markt, wo sie einen Hahn verkaufen wollte. In der Dunkelheit stolperte sie, der Gockel erschrak, begann deshalb viel zu früh zu krähen – und Luzifer ging leer aus.

Schon in Sichtweite der Teufelsmauer wartet dann **Quedlinburg**. Hier sollte man unbedingt einen Abstecher in die Altstadt unternehmen. Kann man dort doch den Domschatz und liebevoll restaurierte Fachwerkhäuschen bestaunen. Alles so interessant, dass es zum Weltkulturerbe der UNESCO erklärt wurde. Lassen wir uns also einfach ein wenig Zeit, denn nach **Halberstadt**, wo diese höchst interessante Tour startete, ist es nun gar nicht mehr weit.

Nr.	Straße km	Position	Richtung	Information	
21	B 79 14 km	Quedlinburg	Halberstadt	flottes Stück retour zum Ausgangspunkt; oft Radar	B 79 14 km
20	9,5 km	Thale	Neinstedt, Weddersleben, Quedlinburg	bald geht's an der Teufelsmauer entlang	9,5 km
19	21 km	Allrode	Thale	traumhaftes Bodetal; bald Abstecher zur Roßtrappe	21 km
18	6 km	hinter Friedrichs-brunn	Allrode	teils einspurige Straße	6 km
17	11 km	Bad Suderode	Friedrichs-brunn	hübsche Strecke in den Nordharz hinein	11 km
16	B 185 17,5 km	Falkenstein	Ballenstedt, Gernrode	in Ballenstedt den Hinweisen nach Gernrode, Bad Suderode folgen	B 185 17,5 km
15	6,5 km	Welbsleben	Falkenstein	wieder am Nordharzrand entlang	6,5 km
14	15,5 km	Mansfeld	Ritterode, Harkerode	auch den Hinweisen Richtung Aschersleben folgen	15,5 km
13	B 242 55 km	Hasselfelde	Mansfeld	man folgt nun stets der wundervollen Harzhochstraße	B 242 55 km
12	B 81 13 km	Eisfelder Talmühle	Hasselfelde	landschaftlich reizvolle Strecke	B 81 13 km
11	8 km	Rothesütte	Sophienhof	teils einspurige Straße	8 km
10	B 4 11,5 km	außerorts	Hohegeiß, Nordhausen	aussichtsreiche und lohnende Bundesstraße	B 4 11,5 km
9	B 242 2,5 km	außerorts	Braunlage, Hohegeiß	bald alten Grenzverlauf passieren	B 242 2,5 km
8	7 km	außerorts	Sorge	Strecke führt teils an Gleisen der Harzer Schmalspurbahn entlang	7 km
7	B 27 1 km	Elend	Braunlage	B 27 nach 1 km wieder verlassen	B 27 1 km
6	6,5 km	Bahnhof Drei Annen Hohne	Elend	hier verkehren alte Dampflokomotiven; später nicht Richtung Schierke, sondern Richtung Elend halten	6,5 km
5	5 km	Elbingerode	Drei Annen Hohne	flotte Waldstrecke; wenig Verkehr	5 km
4	B 244 2 km	außerorts (Büchen-berg)	Elbingerode	Abzweig ist kurz hinter dem Schaubergwerk Büchenberg	B 244 2 km
3	9,5 km	Heimburg	Elbingerode	schöne Waldstrecke; oft Rollsplitt	9,5 km
2	B 6 2 km	Pfeifenkrug	Wernigerode	am Nordrand des Harzes	B 6 2 km
1	B 81 16 km	Halberstadt	Wernigerode	flotte Strecke Richtung Harz, oft Radar	B 81 16 km

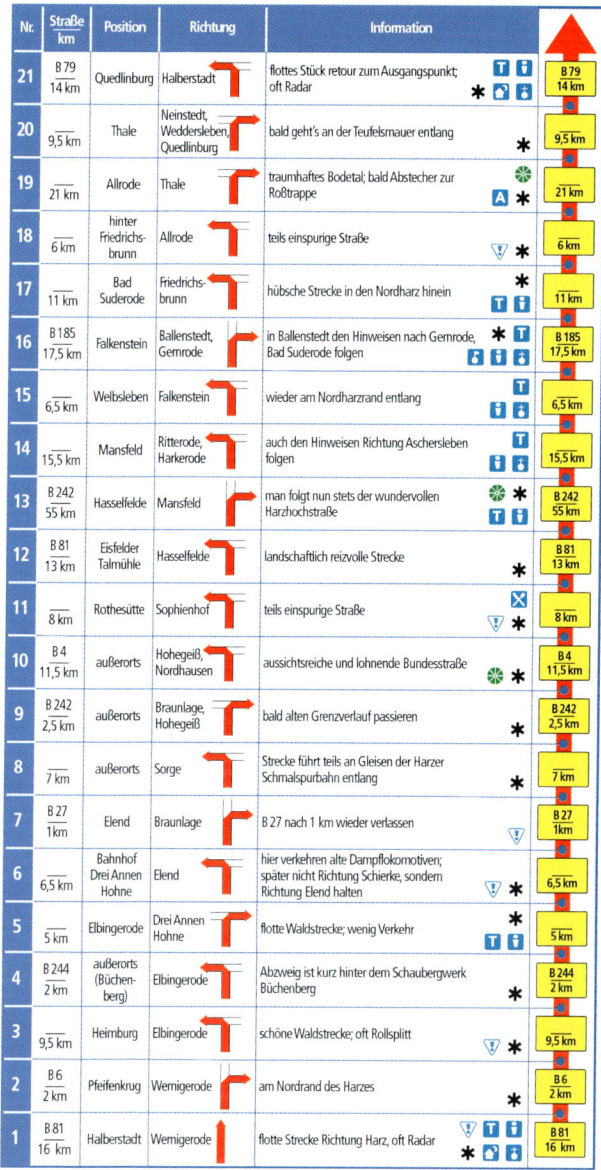

Dieses Roadbook zum Heraustrennen im Anhang

INFORMATION

Harzer Verkehrsverband
Marktstr. 45, 38640 Goslar
Tel. 05321/3 40 40, Fax 05321/34 04 44
E-Mail Harzer.Verkehrsverband@t-online.de
Internet www.harzinfo.de

Halberstadt Information
Hinter dem Rathause 6, 38820 Halberstadt
Tel. 03941/55 18 15, Fax 03941/55 10 89
E-Mail halberstadt-info@halberstadt.de
Internet www.halberstadt.de

UNTERKUNFT

• **Halberstadt**
MotoRoute-Hotel »Abtshof«, Anke Jessat
Abtshof 27a, 38820 Halberstadt
Tel. 03941/6 88 30, Fax 03941/68 83 68
E-Mail info@abtshof-halberstadt.de
Internet www.motoroutenet.de oder
www.abtshof-halberstadt.de
Hübsches MotoRoute-Hotel in der Altstadt
von Halberstadt

ESSEN & TRINKEN

Eine gute Einkehradresse ist der Gasthof
»Brauner Hirsch« im Örtchen Sophienhof.
Dort werden leckere Speisen zu moderaten
Preisen geboten, und Eisspezialitäten
bekommt man auch.

MOTORRADFAHREN

Diese Route benutzt auch Bundesstraßen.
Aber keine Bange, auch die lohnen, da sie oft
mit tollen Kurven gespickt sind und weitreichende Aussichten bieten. Bestes Beispiel:
die B 242, die den ganzen Harz durchquert.
Motorradtreffs: Auf dem Parkplatz der Roßtrappe reihen sich häufig eine ganze Menge
Motorräder auf.

KARTEN

Generalkarte Deutschland (Mairs geographischer Verlag) 1:200 000, Großblatt 7
»Thüringen, Sachsen-Anhalt Süd«

VERANSTALTUNGEN

• Oschersleben
Rennstreckentrainings im Motopark finden
während der gesamten Saison statt.
Infos und Termine:
Shell Racing Academy
Motopark Allee 20–22, 39387 Oschersleben
Tel. 03949/50 14 47, Fax 03949/50 14 48
E-Mail ShellAcademy@aol.com
Internet www.motopark.de

SEHENSWERT

• Elbingerode
Besucherbergwerk Drei Kronen & Ehrt
38875 Elbingerode
Tel. 039454/4 29 10
Bergbaumaschinen aus der Zeit des DDR-
Bergbaus werden im Betrieb vorgeführt

Besucherbergwerk Büchenberg
Postfach 5, 38872 Elbingerode
Tel. + Fax 039454/4 22 00
Internet www.ruebeland-harz.de/buec.html
Öffnungszeiten: Nov.–Mai täglich;
Führungen: 10/11.30/13/14.30/16 Uhr,
Juni–Okt. täglich; Führungen stündlich von
10–17 Uhr

• Ballenstedt
Schloss Ballenstedt, 06493 Ballenstedt
Tel. 039483/8 24 12
Grab Albrechts des Bären

• Quedlinburg
Schloss Quedlinburg, 06484 Quedlinburg
Tel. 03946/38 28
Weltberühmter Domschatz

*Mansfelder Kupfer-
schieferhalde*

**SACHSEN-ANHALT/THÜRINGEN/
NIEDERSACHSEN**

99

Harzrunde – Etappe 1

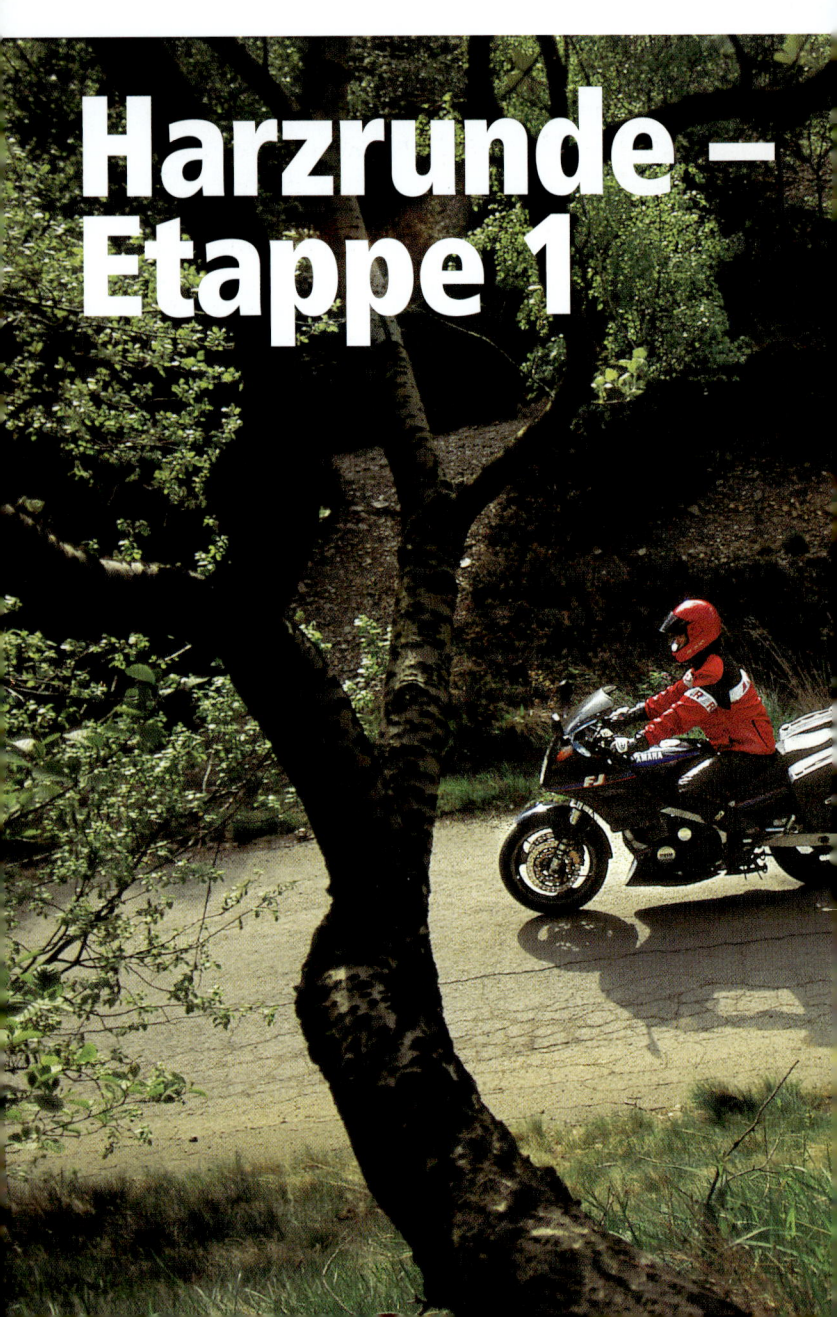

Fast jeder, der den Harz besucht, möchte die Gipfel stürmen. Aber Deutschlands nördlichstes Mittelgebirge hat außer Bergen einiges mehr zu bieten, wie diese wunderschöne Harzumrundung in zwei Etappen beweist.

Probieren Sie doch auch einfach mal diese Route aus, eine Tour mit höchstem Erlebniswert übrigens. So nascht man beispielsweise gar nicht weit vom Ausgangspunkt in **Osterode** entfernt allerfeinste Kurven auf der einmaligen Serpentinenstrecke (siehe auch Kapitel 2) durch den **Westerhöfer Wald**. Letzterer gehört übrigens nicht mehr zum Harz, sondern man kann den Höhenzug zum Leinebergland hinzurechnen. In **Echte** schwenkt man dann Richtung Norden und pfeilt praktisch parallel zur A 7 über Seesen nach **Bockenem**. Dort wartet ein weiteres Teilstück, das den Lustgewinn nachhaltig steigern dürfte.

Unterwegs bei Goslar

NIEDERSACHSEN/SACHSEN-ANHALT

Auf der Strecke nach Lutter lassen nämlich geniale Kehren ansatzweise Alpenfeeling aufkommen. Apropos **Lutter**: In diesem historischen Ort besiegte Tilly die Heerscharen der Dänen im Dreißigjährigen Krieg. Die Schlacht bei Lutter am Barenberge im Jahr 1626 hatte für die Gegend natürlich erhebliche Folgen. So wurde **Seesen** beispielsweise komplett in Brand gesteckt, und auch sonst hielten sich die Soldaten an die Devise, dass der Krieg seine Krieger ernähren müsse; deshalb waren Plünderungen an der Tagesordnung.

Bergbaustadt Goslar

Die Söse in Osterode

Nur die Harzer Bergleute, die wegen besonderer Privilegien vom Kriegsdienst befreit waren, konnten dem Ganzen auch etwas Positives abgewinnen. Sie sahen, welch ungeheure

Kräfte Pulver in Gewehren und Kanonen erzeugen konnte und setzten diese Erkenntnis unter Tage im seit 1628 praktizierten bergmännischen Schießen um. Nach anfänglichen Schwierigkeiten – die Position des Sprengmeisters musste kurzfristig des Öfteren neu besetzt werden – konnten sie ihre Förderleistung in erheblichem Umfang steigern.

Auch **Goslar** entstand letztlich wegen des Bergbaus im **Rammelsberg**. Die Sage berichtet, dass im Jahr 936 das Pferd des Ritters Ramm an jenem Berg eine Silberader frei scharrte. Wegen der reichen Erzlager gelangte die Stadt schnell zu Wohlstand, was man auch heute nicht übersehen kann. Lassen Sie uns also an alten Fachwerkfassaden, oft reich verziert mit herrlichen Schnitzereien, vorbeischlendern. Natürlich sollte man bei einem Bummel durch Goslars Altstadt auch die **Kaiserpfalz** besuchen, wo die mittel-

alterlichen Herrscher des Heiligen Römischen Reiches Deutscher Nation des Öfteren residierten. Barbarossa und spätere Kaiser waren natürlich nicht wegen der (damals gar nicht so guten) Harzer Luft, sondern wegen der reichen Erze anwesend. Sie wissen ja – der schnöde Mammon …

Bad Harzburg – Stadt mit Geschichte

Bad Harzburg, das man etwas weiter östlich erreicht, blickt ebenfalls auf eine illustre Geschichte zurück, die mit dem Bau der Harzburg, 1063–1065, begann. Die erste Solequelle wurde 1575 entdeckt, und 1833 begann der Kur- und Badebetrieb.

Zweifelhafte Berühmtheit erlangte die Stadt am 11. Oktober 1931, als »Europa nach Bad Harzburg schaute«, wie damalige Tageszeitungen berichteten. Hier formierten sich die DNVP, die NSDAP und andere rechtsgerichtete Kräfte auf einer Tagung zu einem taktischen Bündnis gegen die Weimarer Republik. Durch die Teilnahme der Prominenz aus dem nationalen Lager wie Adolf Hitler, Hugenberg, der Stahlhelmführer Seldte und Düsterberg, des Präsidenten des Reichslandbundes Graf Kalkreuth, des Reichsbankpräsidenten Schacht, des Grafen Goltz, der früheren Prinzen August Wilhelm und Eitel Friedrich, des Herzogpaares von Coburg, der Fürsten von Meiningen und Bentheim, der Grafen Soden und zu Dohna gewinnt die Bad Harzburger Tagung das größte Interesse. Anwesend waren auch viele Vertreter aus der Wirtschaft, bekannte Militärs, unter ihnen Generaloberst Seeckt, und viel Prominenz aus dem nahen Braunschweig, darunter die Minister Küchenthal und Klagges.

Brocken-blick

Wilde Ilse

NIEDERSACHSEN/SACHSEN-ANHALT

Durch den Harz nach Halberstadt

Auf dem weiteren Weg, den die »alte« B 6 beschreibt, trifft man bald auf die Spätfolgen jener oben beschriebenen Tagung. Im **Eckertal** quert man nämlich die alte Grenze zwischen Ost und West, die bis 1989 schier unüberwindlich war. Aber da das nun alles anders ist, schwingt man über Ilsenburg nach **Wernigerode**, auch als »bunte Stadt am Harz« bekannt. Fachwerkfans sollten entsprechend Zeit für einen ausgiebigen Bummel einplanen. Eisenbahnfans dagegen werden sicher in **Drei Annen Hohne** glücklich, wo man alte Dampflokomotiven in Aktion beobachten kann.

Anschließend rollt man über Elbingerode Richtung Blankenburg und folgt dann der B 27. Und es ist wie immer im Harz: Ausgewiesene Bundesstraßen müssen nicht langweilig sein. Vielmehr bietet die Strecke landschaftliche Reize und Fahrspaß, der seine Vollendung in den Kurven hinunter nach **Blankenburg** findet. Das ist dann auch der passende Ausklang für diese erste Etappe der Harzrunde, die ein paar Kilometer weiter in **Halberstadt** ihr Ende findet.

Rastplatz bei Lerbach

ROUTE 9: HARZRUNDE – ETAPPE 1

Mohnblüte am Harz

Nr.	Straße km	Position	Richtung	Information	
14	B 81 16 km	Blankenburg	Halberstadt	die erste Etappe endet in Halberstadt	B 81 16 km
13	B 27 15 km	Elbingerode	Blankenburg	die B 27 bietet Fahrspaß und landschaftliche Reize	B 27 15 km
12	11 km	Drei Annen Hohne	Elbingerode	Hauptbahnhof in Sachen Dampflokomotiven	11 km
11	10,5 km	Wernigerode	Drei Annen Hohne, Braunlage	landschaftlich reizvolle Strecke	10,5 km
10	11,5 km	Bad Harzburg	Ilsenburg, Wernigerode	auf alter B 6 weiter	11,5 km
9	11 km	Goslar	Oker, Bad Harzburg	stets am Nordrand des Harzes entlang Richtung Osten	11 km
8	B 6 12 km	Posthof	Goslar	nun der vielbefahrenen B 6 nach Goslar folgen	B 6 12 km
7	10 km	Lutter	Ostlutter, Liebenburg	schöne Aussicht auf die Höhen des nordwestlichen Harzes	10 km
6	12 km	Bockenem	Lutter	schöne Kurvenstrecke folgt	12 km
5	B 243 14,5 km	Seesen	Bockenem	am Westharzrand entlang	B 243 14,5 km
4	B 248 14,5 km	Echte	Seesen	parallel zur A 7 halten; flottes Teilstück	B 248 14,5 km
3	12 km	Förste	Westerhof, Echte	Nienstedt durchfahren; dann folgt tolle Serpentinenstrecke durch den Westerhöfer Wald	12 km
2	4,5 km	außerorts	Förste	bald schöne Aussicht	4,5 km
1	B 241 3 km	Osterode	Northeim	Harz Richtung Südwesten verlassen	B 241 3 km

Dieses Roadbook zum Heraustrennen im Anhang

NIEDERSACHSEN/SACHSEN-ANHALT

107

INFORMATION

Harzer Verkehrsverband
Marktstr. 45, 38640 Goslar
Tel. 05321/3 40 40, Fax 05321/34 04 44
E-Mail Harzer.Verkehrsverband@t-online.de
Internet www.harzinfo.de

UNTERKUNFT

• **Osterode**
MotoRoute-Hotel »Sauerbrey«
Fritz Sauerbrey
Friedrich-Ebert-Str. 129
37520 Osterode-Lerbach
Tel. 05522/5 09 30, Fax 05522/50 93 50
E-Mail info@hotelsauerbrey.de
Internet www.motoroutenet.de oder
www.hotel-sauerbrey.de
Wunderschönes MotoRoute-Hotel, wo man
sich als Motorradfahrer rundum wohl fühlt.

• **Halberstadt**
MotoRoute-Hotel »Abtshof«
Anke Jessat
Abtshof 27a, 38820 Halberstadt
Tel. 03941/6 88 30, Fax 03941/68 83 68

E-Mail info@abtshof-halberstadt.de
Internet www.motoroutenet.de oder
www.abtshof-halberstadt.de
Hübsches MotoRoute-Hotel in der Altstadt
von Halberstadt

ESSEN & TRINKEN

Im Dorfkrug (ein schönes, altes Gasthaus) in
Ostlutter lässt es sich besonders gut einkeh-
ren und speisen.
Dorfkrug
Dorfstr. 23, 38729 Lutter
Tel. 05383/376

MOTORRADFAHREN

Auch eine Harzumrundung bietet allerlei
Fahrspaß für Motorradfahrer. So dürften die
Teilstrecken im Westerhöfer Wald und vor
Lutter absolute Highlights sein.
Motorradtreffs: In Torfhaus an der B 4
zwischen Bad Harzburg und Braunlage
(nicht direkt an der Route gelegen, aber
schnell erreichbar) trifft man praktisch immer
jemanden.

Drinnen im Hotel Sauer-brey

KARTEN

Generalkarte Deutschland (Mairs geographischer Verlag) 1:200 000, Großblatt 6 »Niedersachsen Süd, Hessen Nord« und Großblatt 7 »Thüringen, Sachsen-Anhalt Süd«

 **VERANSTALTUNGEN**

• **Osterode**
Drei freundliche Tage, das Altstadtfest von Osterode findet jedes Jahr im Mai statt.
Infos: Wego – Osterode, Tel.
05522/3 15 91 72

SEHENSWERT

• **Osterode**
Osterode hat eine sehr hübsche Innenstadt mit überdimensionaler Fußgängerzone zum Relaxen
Infos: Fremdenverkehrsamt Osterode
Eisensteinstr. 1
37520 Osterode
Tel. 05522/31 83 32
Fax 05522/31 83 36
E-Mail muecke@osterode.de
Internet www.osterode.de

• **Goslar**
Kaiserpfalz Goslar
38640 Goslar
Tel. 05321/70 43 58
Romanischer Pfalzbau und ehemaliger Sitz deutscher Kaiser

Rammelsberger Bergbaumuseum
38640 Goslar
Tel. 05321/75 00
UNESCO-Weltkulturerbe, da fast 1000 Jahre in Betrieb

• **Elbingerode**
Besucherbergwerk Drei Kronen & Ehrt
38875 Elbingerode
Tel. 039454/4 29 10
Bergbaumaschinen aus der Zeit des DDR-Bergbaus werden im Betrieb vorgeführt

• **Rübeland**
Baumannshöhle und Hermannshöhle
38875 Rübeland
Tel. 039454/4 91 32
Wohl die schönsten Harzer Höhlen

• **Blankenburg**
Burg Regenstein
38889 Blankenburg
Tel. 03944/6 12 90
Älteste, in Sandstein gehauene Felsenburg Deutschlands

Harzrunde – Etappe 2

Auf der zweiten Etappe der Harzrunde wechseln sich Fahrspaß und Sehenswürdigkeiten in kurzer Folge ab, so dass man für die folgenden 173 Kilometer reichlich Zeit zum Besichtigen und Genießen einplanen sollte.

In **Halberstadt** endete die erste Etappe dieser höchst interessanten Harzrunde (siehe Kapitel 9, und dort startet natürlich auch die zweite Etappe. Zunächst rollt man auf der B 79 in Richtung **Quedlinburg**, jener wunderschönen Fachwerkstadt, die schon bei Route 8 etwas ausführlicher beschrieben wurde. Von hier aus ist es gar nicht mehr weit bis nach **Ballenstedt**, ebenfalls ein städtebauliches Juwel, dem das imposante Schloss sozusagen die Krone aufsetzt. Nur acht Kilometer sind es von dort aus bis zur Burg Falkenstein bei **Meisdorf**, wo einst Deutschlands erstes Gesetzbuch – der Sachsenspiegel – entstand.

Schloss Ballenstedt

OSTHARZ

Über Pansfelde kurvt man weiter nach **Tilkerode**, einen alten Bergbauort, der im Jahr 1825 weltbekannt wurde. Denn man fand im dortigen Eisenbergbaugebiet seinerzeit 400 g staubfeines Gold, aus dem insgesamt 116 Golddukaten geprägt wurden. Diese wunderschönen und heute unbezahlbaren Münzen erhielten die Aufschrift »Ex Auro Anhaltino« (aus anhaltischem Gold).

Anschließend kreuzt man die Harzhochstraße, auch schon in diesem Buch beschrieben, und bekommt auf dem Weg hinunter nach **Wippra** einige erstklassige Kurven unter die Reifen. Der Fahrspaß steht aber auch auf den folgenden Kilometern im Vordergrund. Jedenfalls bis zum Stadtrand von **Sangerhausen**, wo man eine weitere Pause samt Stadtbesichtigung einfach einplanen muss.

Sangerhausen, Berg- und Rosenstadt

Die mehr als tausend Jahre alte Berg- und Rosenstadt am Südharz besticht nämlich durch einen unter Denkmalschutz stehenden Stadtkern mit Göpen-

Stolberg

straße, Kornmarkt, dem Renaissance-Rathaus sowie diversen Patrizierhäusern. Außerdem sollte man dem bedeutendsten Rosengarten der Welt, dem Europa-Rosarium, unbedingt einen Besuch abstatten, bevor man weiter nach **Wettelrode** düst. Dort beginnt dann eine exquisite Edelpiste (Achtung: hin- und wieder Rollsplitt auf der Fahrbahn!) für Kurvensüchtige und alle, die es werden wollen.

Allerdings könnte man vor dem Schräglagenfestival noch eine weitere Besichtigung einplanen und 300 Meter tief in die Unterwelt des ehemaligen Kupferschieferbergbaus abtauchen. Gelegenheit hierzu bietet der **Röhrigschacht**, der von etwa 1200 bis zum 10. August 1990 in Betrieb war.

Klosterruine Walkenried

Über Wolfsberg und Hayn (dort wurde 1937 übrigens der

SACHSEN-ANHALT/THÜRINGEN/ NIEDERSACHSEN

Biergarten Hotel Sauer-brey

letzte Harzer Bär erlegt) nähert man sich anschließend dem **Großen Auerberg**, wo man vom Aussichtsturm ein tolle Aussicht über den Südharz erleben kann.

Am Südharz entlang

Anschließend zirkelt man hinunter ins wunderschöne **Stolberg**, auch »Perle im Südharz« genannt. Das von einem imposanten Schloss überragte Harzstädtchen trägt diese Bezeichnung völlig zu Recht. Man fragte sich gleich nach der Wende, ob man irgendwo unbemerkt wieder die alte Grenze passiert hätte. Hatte man aber nicht. Man muss einfach nur wissen, dass **Stolberg** auch schon zu Zeiten von Planwirtschaft und LPG's für damalige Verhältnisse schön herausgeputzt war. Der sozialistische Hochadel dankte es der Stadt nämlich mit aufwendigen Sanierungsarbeiten, dass Thomas Müntzer vor etwas mehr als 500 Jahren hier das Licht der Welt erblicken durfte. Der Mann passte vorbildlich in die verschrobene Ideologie der Diktatur, weil er anno 1525 ein

Bauernheer gegen die damals herrschende Feudaldiktatur, Ungerechtigkeit und Unterdrückung anführte.

Aber wenden wir uns lieber wieder dem Motorradfahren zu. Gleich hinter Stolberg verlässt man also den Harz und kurvt durch ein vorgelagertes Gipskarstgebiet, das eine ganz eigene Topographie bietet. Zwischen **Rottleberode** und **Ilfeld** erlebt man deshalb einen Tourabschnitt, der mit reichlich Kurven gespickt über zahlreiche Hügel führt. Ähnliches erwartet einen dann auch auf dem Weg nach **Ellrich,** und dann quert man bald die alte innerdeutsche Grenze Richtung Niedersachsen.

Schlussspurt Richtung Osterode

So gelangt man wieder nach **Walkenried** (auch schon von Tour 5 bekannt), wo beeindruckende Reste eines Zisterzienserklosters zu bewundern sind. Die weiteren Stationen heißen dann **Bad Sachsa**, **Osterhagen** und **Barbis**. Gerade in den beiden zuletzt genannten Orten sollte man mit dem

Triebwagen der Harz-querbahn

Gasschieber recht feinfühlig umgehen, denn dort lauern fest installierte Radarkästen am Straßenrand. Außerdem könnte man in Barbis was richtig Gutes gegen einen möglicherweise leeren Magen tun. Kurz vor dem Ortseingang (rechter Hand) bietet **Dreymanns Mühle** nämlich eine richtig gute Küche mit Steaks und Hausgeschlachtetem. Und zum Dessert wartet dann noch die alte Bundesstraße über **Scharzfeld** und **Herzberg** nach **Osterode**, welche deutlich mehr Spaß macht als die neue B 243, die unweigerlich an eine Autobahn – mit allem was dazu gehört – erinnert.

Nr.	Straße / km	Position	Richtung	Information	
16	11 km	Herzberg	Osterode	an Kreissparkasse links auf alte Straße abbiegen	11 km
15	7 km	hinter Barbis	Scharzfeld, Herzberg	auf alter Straße nach Herzberg fahren	7 km
14	B 243 / 15 km	außerorts	Herzberg	Achtung: in Osterhagen und Barbis stehen Radaranlagen	B 243 / 15 km
13	10,5 km	Ellrich	Walkenried, Bad Sachsa, Herzberg	bald alte Grenze queren	10,5 km
12	5,5 km	Appenrode	Ellrich	weiterhin interessante Strecke am Südharzrand	5,5 km
11	6,5 km	Ilfeld	Appenrode	in Ilfeld erst rechts, dann links halten	6,5 km
10	13,5 km	Rottleberode	Neustadt, Ilfeld	tolle Strecke am Südharzrand	13,5 km
9	11,5 km	außerorts	Stolberg, Rottleberode	Stolberg ist sehr sehenswert	11,5 km
8	5,5 km	außerorts (Glasebach)	Auerberg, Breitenstein	am Großen Auerberg kann man vom Aussichtsturm eine tolle Aussicht genießen	5,5 km
7	3 km	hinter Wolfsberg	Hayn	in Hayn weiter Richtung Harzgerode	3 km
6	22 km	vor Sangerhausen	Wettelrode, Wolfsberg	Superkurven warten nun; Achtung: oft Rollsplitt	22 km
5	12,5 km	hinter Wippra	Sangerhausen	weiterhin landschaftlich sehr reizvolle Strecke	12,5 km
4	18 km	Meisdorf	Pansfelde, Wippra	herrliche Kurven führen quer durch den Ostharz	18 km
3	5,5 km	Ballenstedt	Meisdorf	nun kurvt man ins Selketal	5,5 km
2	12 km	Quedlinburg	Ballenstedt	weiterhin flotte Strecke	12 km
1	B 79 / 14 km	Halberstadt	Quedlinburg	flotte Strecke Richtung Harz; oft Radar	B 79 / 14 km

Dieses Roadbook zum Heraustrennen im Anhang

Innestadt von Stolberg

SACHSEN-ANHALT/THÜRINGEN/ NIEDERSACHSEN

INFORMATION

Harzer Verkehrsverband
Marktstr. 45
38640 Goslar
Tel. 05321/3 40 40, Fax 05321/34 04 44
E-Mail Harzer.Verkehrsverband@t-online.de
Internet www.harzinfo.de

Halberstadt Information
Hinter dem Rathause 6
38820 Halberstadt
Tel. 03941/55 18 15, Fax 03941/55 10 89
E-Mail halberstadt-info@halberstadt.de
Internet www.halberstadt.de

UNTERKUNFT

• **Halberstadt**
MotoRoute-Hotel »Abtshof«
Anke Jessat
Abtshof 27a, 38820 Halberstadt
Tel. 03941/6 88 30, Fax 03941/68 83 68
E-Mail info@abtshof-halberstadt.de
Internet www.motoroutenet.de oder
www.abtshof-halberstadt.de
Hübsches MotoRoute-Hotel in der Altstadt
von Halberstadt

• **Osterode**
MotoRoute-Hotel »Sauerbrey«
Fritz Sauerbrey, Friedrich-Ebert-Str. 129
37520 Osterode-Lerbach
Tel. 05522/5 09 30, Fax 05522/50 93 50
E-Mail info@hotelsauerbrey.de
Internet www.motoroutenet.de oder
www.hotel-sauerbrey.de
Wunderschönes MotoRoute-Hotel, wo man
sich als Motorradfahrer rundum wohl fühlt.

ESSEN & TRINKEN

Eine gute Einkehradresse ist Dreymanns
Mühle, wo es saftige Steaks oder
deftige Schlachtplatten direkt vom Erzeuger
gibt:
Dreymanns Mühle
An den Mühlen 1
37431 Bad Lauterberg-Barbis
Tel. 05524/58 05

MOTORRADFAHREN

Auch der zweite Teil der Harzumrundung
bietet allerbeste Kurzweil. Die Teilstrecken
von Pansfelde nach Sangerhausen oder von
Wettelrode nach Hayn beispielsweise offerieren Fahrspaß pur.
Motorradtreffs: Seit einiger Zeit trifft man
immer mehr Motorradfahrer bei Dreymanns
Mühle (siehe auch Essen & Trinken).

*Alte Grenze
bei Ellrich*

KARTEN

Generalkarte Deutschland (Mairs geographischer Verlag) 1:200 000, Großblatt 6 »Niedersachsen Süd, Hessen Nord« und Großblatt 7 »Thüringen, Sachsen-Anhalt Süd«

VERANSTALTUNGEN

• **Oschersleben**
Rennstreckentrainings im Motopark finden während der gesamten Saison statt.
Infos und Termine:
Shell Racing Academy
Motopark Allee 20–22
39387 Oschersleben
Tel. 03949/50 14 47
Fax 03949/50 14 48
E-Mail ShellAcademy@aol.com
Internet www.motopark.de

SEHENSWERT

• **Quedlinburg**
Schloss Quedlinburg
06484 Quedlinburg, Tel. 03946/38 28
Weltberühmter Domschatz

• **Ballenstedt**
Schloss Ballenstedt
06493 Ballenstedt, Tel. 039483/8 24 12
Grab Albrechts des Bären

Burg Falkenstein
06463 Meisdorf, Tel. 034743/81 35
Entstehungsort des Sachsenspiegels (ältestes deutsches Rechtsbuch)

Europa-Rosarium
06526 Sangerhausen, Tel. 03464/57 25 22
Naturgarten zur Geschichte der Rosenzucht

Röhrig-Schacht
Schaubergwerk
06528 Wettelrode, Tel. 03464/58 78 16
Grubenfahrt in 300 Meter Tiefe

SACHSEN-ANHALT/THÜRINGEN/NIEDERSACHSEN

Roadbooks

**Die jeweiligen Roadbooks
zum Heraustrennen und Mitnehmen**

Fahren mit dem Roadbook

Damit Sie die schönsten Touren ungehindert genießen können, erhalten Sie von uns das Roadbook zum schnellen Überblick zum Mitnehmen.

Mit Hilfe der Wegbeschreibungen und Kurzinfos erfahren Sie kurz und knapp, welche Abzweigungen Sie nehmen müssen und welche Attraktionen Sie am Straßenrand erwarten.

Am Anfang erhalten Sie einen kurzen Überblick über die Region und über den Routenverlauf. Das Roadbook selbst ist in übersichtliche Spalten aufgeteilt mit folgenden Informationen:

Die Kennzeichnungen **Nr./km** zählen die Kreuzungen und deren jeweilige Entfernungen zwischen den einzelnen Roadbook-Positionen auf.

Straße bezeichnet die Strecke mit der offiziellen inländischen Bezeichnung, auf der Sie sich befinden.

Position nennt die Ortschaft oder den Ort, an dem Sie sich gerade befinden.

Die Spalte **Richtung** weist darauf hin, welche Richtung Sie einschlagen müssen, um in einen Ort zu gelangen.

Piktogramme geben Ihnen genaue Anweisungen, welchen Abzweigungen Sie an den Kreuzungen folgen sollten.

Weitere Piktogramme finden Sie in der Spalte **Information**. Hier werden Sie auf besondere Sehenswürdigkeiten oder Übernachtungsmöglichkeiten hingewiesen.

Die einzelnen Piktogramme:

✱	Sehenswert	🅣	Tankstelle
🅚	Kirche	🅐	Badestrand
🅢	Schloss	🅟	Parkplatz
🅜	Museum	🅒	Campingplatz
❋	Aussicht rundum	🅐	Alternative, Abstecher
🌿	Aussicht halb	🅕	Fähre/Schiff
⚠	Achtung	🅘	Info
🅗	Hotel/Übernachtung	🅣	Turm
🅗	Höhle	🅛	Leuchtturm
✖	Bikerfreundliche Gaststätte		

HARZ

Roadbook 1

Routen im Harz

Gebiet: Weserbergland
Region: Niedersachsen
Routenverlauf: Hann. Münden – Holzminden – Hess. Olden-
dorf – Rinteln – Barntrup – Köterberg – Höxter – Hann. Münden
Gesamtstrecke: 300,5 km

Nr.	Straße km	Position	Richtung	Information	
21	B 83 / 60 km	Höxter	Hann. Münden	ab Bad Karlshafen der B 80 weiter an der Weser entlang folgen	B 83 / 60 km
20	B 239 / 15,5 km	Niese	Höxter	nach 4,5 km bietet sich die Alternativstrecke über Bödexen und Albaxen zur Weser an	B 239 / 15,5 km
19	— / 10 km	Falkenhagen	Köterberg	bald rechts bergan zum Motorradtreff Köterberg, dann retour und durch den Ort Köterberg weiter Richtung Rischenau	10 km
18	B 239 / 2 km	Rischenau	Polle	nur kurz auf B 239, dann Hinweisen Richtung Polle folgen	B 239 / 2 km
17	— / 10 km	Lüdge	Rischenau, Höxter	landschaftlich reizvolle Strecke	10 km
16	— / 10 km	Frettholz	Lüdge	in Graben rechts Richtung Lüdge halten, bald kurvenreiche Strecke	10 km
15	— / 2 km	Barntrup	Paderborn	nach 1 km rechts auf B 1 weiter Richtung Paderborn	2 km
14	— / 22 km	Exten	Barntrup	nun geht es durch das hübsche Extertal	22 km
13	— / 4 km	Hess. Oldendorf	Fuhlen, Heßlingen	bald Weserbrücke queren	4 km
12	— / 18 km	hinter Herkensen	Hohnsen, Pötzen, Hess. Oldendorf	am Südabhang des Süntel entlang	18 km
11	— / 13 km	Haus Harderode	Bisperode, Bessingen, Herkensen	nun rollt man am Ostabhang des Ith entlang, bei Bessingen Verlauf von B 217 kreuzen	13 km
10	— / 7 km	Salzhemmendorf	Lauenstein, Hameln	herrliche Kurvenstrecke über den Ith	7 km
9	— / 12 km	Bei Fölziehausen	Wallensen, Salzhemmendorf	flotte Strecke am Ostrand des Ith entlang	12 km
8	B 240 / 10 km	Eschershausen	Gronau, Hannover	tolle Kurvenstrecke über den südlichen Ith	B 240 / 10 km
7	B 240 / 10 km	Bodenwerder	Eschershausen	flotter Streckenabschnitt	B 240 / 10 km
6	— / 16 km	Negenborn	Golmbach, Rühle, Bodenwerder	herrliche Kurvenstrecke durch die Rühler Schweiz	16 km
5	B 64 / 12 km	Holzminden	Bevern, Negenborn	kurzes Verbindungsstück auf viel befahrener B 64	B 64 / 12 km

BRUCKMANN

Nr.	Straße km	Position	Richtung	Information	
4	B 497 / 22 km	Schönhagen	Holzminden	nun der Bundesstraße über den Solling folgen – schöne Strecke	B 497 / 22 km
3	B 241 / 4 km	Amelith	Schönhagen, Neuhaus	kurvenreiche Bundesstraße	B 241 / 4 km
2	— / 11 km	Lippoldsberg	Bodenfelde, Neuhaus	erst rechts, später links halten – es folgt eine hübsche Strecke in den Solling hinein	11 km
1	— / 30 km	Hann. Münden	Gimte, Hemeln	zunächst östlich der Weser bis Lippoldsberg fahren	30 km

Karte: Generalkarte Deutschland 1:200.000, Großblatt 6 »Niedersachsen Süd, Hessen Nord«

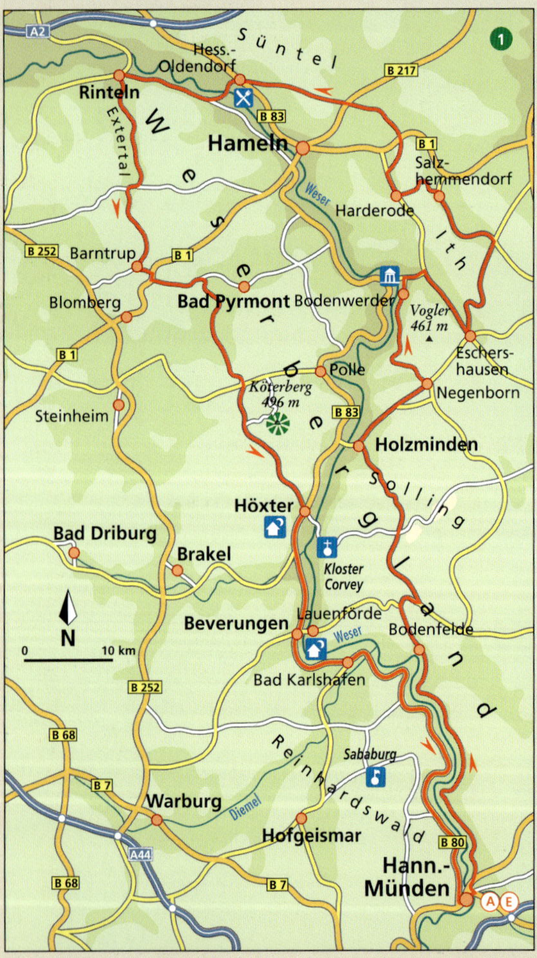

ℹ INFORMATION

• **Weserbergland**
Tourismusverband
Weserbergland-Mittelweser
Deisterallee 1
31785 Hameln
Tel. 05151/9 30 00
Fax 05151/93 00 33
E-Mail welcome@
weserbergland.com
www.weserbergland.com

🏠 UNTERKUNFT

• **Lauenförde**
Villa Löwenherz
Würgasser Str. 5
37697 Lauenförde
Tel. 05273/75 67
Fax 05273/78 47
E-Mail postfach@
villa-loewenherz.de
Internet
www.villa-loewenherz.de
Bekannte Bikerherberge,
jedes Wochenende von
April bis Oktober mit
Motorradfahrern voll

Roadbook 2

Routen im Harz

Gebiet: Leinebergland
Region: Niedersachsen
Routenverlauf: Hildesheim – Förste – Marke – Salzderhelden – Freden – Alfeld – Nordstemmen – Hildesheim
Gesamtstrecke: 176,5 km

Nr.	Straße / km	Position	Richtung	Information	
18	B 1 / 15 km	Nordstemmen	Hildesheim	zurück zum Ausgangspunkt	B 1 / 15 km
17	— / 28,5 km	Freden	Alfeld, Gronau, Nordstemmen	in Freden Leinebrücke queren und dann stets an Fluss Leine entlang in die angegebene Richtung	28,5 km
16	— / 14 km	Haieshausen	Freden	Leinebrücke passieren und am Fluss entlang Richtung Norden	14 km
15	— / 6,5 km	Salzderhelden	Rittierode	B 3 über Abfahrt verlassen und durch Salzderhelden fahren. Dabei dem Verlauf der Leine folgen	6,5 km
14	B 3 / 8 km	Edesheim	Einbeck	schnelles Verbindungsstück	B 3 / 8 km
13	— / 3 km	außerorts	Edesheim	bald A 7 unterqueren	3 km
12	B 248 / 1 km	außerorts	Northeim	nur kurz auf B 248 bleiben, dann den Hinweisen Richtung Edesheim folgen	B 248 / 1 km
11	— / 9 km	Elvershausen	Lagershausen	erneut landschaftlich reizvolle Strecke	9 km
10	— / 5 km	außerorts	Marke	nun auf schmaler Straße nach Marke und dort weiter Richtung Elvershausen	5 km
9	— / 2,5 km	Förste	Dorste	flotter Abschnitt durch das Sösetal	2,5 km
8	— / 12 km	Echte	Förste, Osterode	tolle Kurvenstrecke durch den Westerhöfer Wald	12 km
7	B 445 / 10 km	Bad Gandersheim	Kalefeld, Echte	flotter Streckenabschnitt	B 445 / 10 km
6	— / 24 km	Adenstedt	Bad Gandersheim	nach 6 km rechts Richtung Freden halten. Nach weiteren 3,5 km dann links ab	24 km
5	— / 6,5 km	Sack	Adenstedt	weiter schöne Kurven in landschaftlich anmutiger Strecke	6,5 km
4	— / 9,5 km	Sibbesse	Alfeld	nach 3 km – hinter Westfeld – rechts Richtung Alfeld abbiegen	9,5 km
3	— / 14 km	Hildesheim-Ochtersum	Diekholzen	es folgt Kurvenstrecke durch den Hildesheimer Wald	14 km
2	B 243 / 4 km	Hildesheim	Bockenem	Hildesheim auf breiter Bundesstraße verlassen	B 243 / 4 km

BRUCKMANN

Nr.	Straße km	Position	Richtung	Information		
1	B 1 / 4 km	Hildesheim	Hameln	ab A 7, Abfahrt Hildesheim, der B 1 folgen	🚻 * 🛏 ℹ️ T	B 1 / 4 km

Karte: Generalkarte Deutschland 1:200.000, Großblatt 6 »Niedersachsen Süd, Hessen Nord«

INFORMATION

• **Hildesheim**
Touristinformation Hildesheim
Rathausstr. 20, 31134 Hildesheim
Tel. 05121/1 79 80, Fax 05121/17 98 88
E-Mail tourist-info@hildesheim.com

UNTERKUNFT

• **Osterode**
MotoRoute-Hotel
»Sauerbrey«
Fritz Sauerbrey
Friedrich-Ebert-Str. 129
37520 Osterode-Lerbach
Tel. 05522/5 09 30
Fax 05522/50 93 50
E-Mail info@
hotelsauerbrey.de
Internet
www.motoroutenet.de
Wunderschönes Moto-
Route-Hotel, wo man sich
als Motorradfahrer rundum
wohl fühlt.

ESSEN & TRINKEN

Allein Hildesheim bietet
eine große Anzahl guter
Restaurants. Das Gleiche
gilt für Einbeck, wo man
natürlich auch noch den
berühmten Gerstensaft
probieren kann – wenig-
stens wenn das Motorrad
anschließend Pause hat.

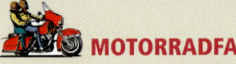

MOTORRADFAHREN

Es ist kaum zu verstehen, dass das Leinebergland neben Harz und Weserbergland in Motorradfahrerkreisen ein Schattendasein führt.
Immerhin gibt es hier tolle Kurven in allen
Variationen. Außerdem beginnt die Motorradsaison meistens schon ab Anfang März.

[Map of the Leinebergland region showing Hildesheim, Burgstemmen, Ochtersum, Elze, Gronau, Brüggen, Sack, Alfeld, Delligsen, Freden, Greene, Einbeck, Dassel, Markoldendorf, Fredesloh, Moringen, Kassel, Diekholzen, Bad Salzdetfurth, Adenstedt, Bockenem, Lamspringe, Rhüden, Winzenburg, Seesen, Bad Gandersheim, Echte, Nienstedt, Lagerhausen, Northeim, Marke, Elvershausen, Osterode; with Hildesheimer Wald, Westerhöfer Wald, Leinetal, Innerste, Leine, Hannover; roads B 1, B 3, B 6, B 243, A 7]

Roadbook 3

Routen im Harz

Nr.	Straße km	Position	Richtung	Information	
19	12 km	Herzberg	Osterode	auf alter Nebenstrecke zurück zum Ausgangspunkt	12 km
18	20 km	Duderstadt	Herzberg	flotte Kurvenstrecke	20 km
17	23 km	Heiligenstadt	Duderstadt	nun rollt man durch das Eichsfeld	23 km
16	12,0 km	hinter Kalteneber	Heiligenstadt	weiterhin schöne Strecke	12,0 km
15	18 km	hinter Bornhagen	Vatterode, Kalteneber	es folgt hübsche Strecke in den Höhenzug Hainich hinein	18 km
14	5 km	vor Werrabrücke	Werleshausen, Burgruine Hanstein	B 27 verlassen und nun stets den Hinweisen zur Burgruine Hanstein folgen	5 km
13	B 27 8 km	Witzenhausen	Bad Sooden-Allendorf	weiter durchs Werratal	B 27 8 km
12	B 80 22 km	Hann. Münden	Hedemünden, Witzenhausen	schöne Strecke an Werra entlang	B 80 22 km
11	12,5 km	Jühnde	Hedemünden, Meensen, Hann. Münden	erneut landschaftlich reizvolle Strecke	12,5 km
10	B 3 7 km	Dransfeld	Göttingen, Jühnde	B 3 1,5 km hinter Dransfeld nach rechts verlassen	B 3 7 km
9	12,7 km	Esebeck	Barterode	hinter Barterode links Richtung Dransfeld	12,7 km
8	2,7 km	außerorts an Busstopp	Emmenhausen	nach 400 m links in Schleeweg einbiegen, dann rechts Richtung Esebeck halten	2,7 km
7	2,8 km	Harste	Adelebsen, Uslar	In Harste erst Richtung Adelebsen; nach 200 m links Richtung Uslar halten	2,8 km
6	6,5 km	kurz nach Abzweig zu B 3	Harste	man passiert nun das breite Leinetal	6,5 km
5	0,8 km	Nörten-Hardenberg	Göttingen	Nörten-Hardenberg Richtung Göttingen verlasssen	0,8 km
4	0,5 km	Nörten-Hardenberg	Göttingen	durch Nörten-Hardenberg fahren	0,5 km
3	6 km	auf Höhe Sudheim	Bishausen, Nörten-Hardenberg	weiterhin kaum frequentierte Straße	6 km

BRUCKMANN

Nr.	Straße km	Position	Richtung	Information	
2	B 247 11 km	Katlenburg	Duderstadt, Sudheim	Bundesstraße nach 400 m verlassen – es folgt hübsche Strecke 🚻 ✳ T	B 247 11 km
1	B 243 15 km	Osterode	Northeim	stets den Hinweisschildern Richtung Northeim folgen 🅿 ✕ 🚻 ✳ 🏠 ⛽ ℹ T	B 243 15 km

Karte: Generalkarte Deutschland 1:200.000, Großblatt 6 »Niedersachsen Süd, Hessen Nord«

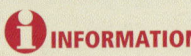

INFORMATION

Harzer Verkehrsverband, Marktstr. 45,
38640 Goslar
Tel. 05321/3 40 40, Fax 05321/34 04 44
E-Mail Harzer.Verkehrsverband@t-online.de
Internet www.harzinfo.de

37520 Osterode-Lerbach
Tel. 05522/5 09 30, Fax 05522/50 93 50
E-Mail info@hotelsauerbrey.de
Internet www.motoroutenet.de

ESSEN & TRINKEN

• **Bornhagen**
Das Eichsfeld ist wohl die Mettwurstgegend
der Welt. Aber auch andere Hausschlacht-
würste stellt man hier in allerbester Qualität
her. Wer das alles probieren möchte, dem sei
ebenfalls der Klausenhof empfohlen.

UNTERKUNFT

• **Osterode**
MotoRoute-Hotel »Sauerbrey«
Fritz Sauerbrey, Friedrich-Ebert-Str. 129

Roadbook 4

Routen im Harz

Gebiet: Westharz
Region: Niedersachsen
Routenverlauf: Osterode – Bad Grund – Seesen – Goslar-Altenau – St. Andreasberg – Sösetal – Osterode
Gesamtstrecke: 143,5 km

Nr.	Straße km	Position	Richtung	Information	
17	B 498 18 km	hinter Dammhaus	Osterode	landschaftlich reizvolle Strecke durch das Sösetal nach Osterode	B 498 18 km
16	B 242 8 km	Sonnenberg	Clausthal-Zellerfeld	schnell fahrbare Strecke mit tollen Aussichten	B 242 8 km
15	6 km	St. Andreasberg	Sonnenberg	aussichtsreiche Strecke über den Rehberg	6 km
14	6 km	Oderhaus	St. Andreasberg	es folgt tolle Kurvenpartie	6 km
13	B 27 3,5 km	auf Höhe Braunlage	Bad Lauterberg	flottes Teilstück ins Odertal	B 27 3,5 km
12	B 4 12 km	Torfhaus	Braunlage	links geht's zum Motorradtreff Torfhaus; hier auch wunderschöner Blick zum Brocken	B 4 12 km
11	8 km	Altenau	Torfhaus	aussichtsreiche Bergstrecke	8 km
10	B 498 14 km	Oker	Altenau	es folgen das wunderschöne Okertal und die gleichnamige Talsperre	B 498 14 km
9	5 km	Goslar	Oker	unbedingt Abstecher in Goslars Altstadt einplanen	5 km
8	B 241 11 km	Kreuzeck	Goslar	wiederum Sahnestrecke mit reichlich Kurven; Überholverbote unbedingt beachten, da Kontrollen stattfinden	B 241 11 km
7	7,5 km	Lautenthal	Hahnenklee	tolle Kurvenstrecke namens Schwarze Katz	7,5 km
6	11 km	Seesen	Lautenthal	nun kurvt man über den Sternplatz ins Innerstetal	11 km
5	B 242 20 km	außerorts	Bad, Grund Seesen	der schönen Bundesstraße bis Seesen folgen	B 242 20 km
4	4 km	nach Rechtskehre	Zechenhaus	auf kleiner Straße durchs Obere Innerstetal; kurze Holperstrecke folgt	4 km
3	B 241 0,5 km	Parkplatz Heligenstock	Goslar	kurz auf mehrspuriger Bundesstraße bleiben; tolle Aussicht	B 241 0,5 km
2	7,3 km	Abzweig Lerbach	Lerbach	Straßendorf Lerbach durchfahren, dann auf Serpentinen bergan	7,3 km
1	B 241 1,7 km	Osterode – Bleichestelle	Goslar	Butterbergtunnel passieren	B 241 1,7 km

Karte: Generalkarte Deutschland 1:200.000, Großblatt 6 »Niedersachsen Süd, Hessen Nord«

BRUCKMANN

INFORMATION

Harzer Verkehrsverband
Marktstr. 45, 38640 Goslar
Tel. 05321/3 40 40, Fax: 05321/34 04 44
E-Mail Harzer.Verkehrsverband@t-online.de
Internet www.harzinfo.de

UNTERKUNFT

• **Osterode**
MotoRoute-Hotel »Sauerbrey«
Fritz Sauerbrey, Friedrich-Ebert-Str. 129
37520 Osterode-Lerbach
Tel. 05522/5 09 30, Fax 05522/50 93 50
E-Mail info@hotelsauerbrey.de
Internet www.motoroutenet.de
oder www.hotel-sauerbrey.de
Wunderschönes MotoRoute-Hotel, wo man
sich als Motorradfahrer rundum wohl fühlt.

MOTORRADFAHREN

Der Westharz besticht durch recht gute Straßen, die wegen der Topographie des Gebirges
allerlei Kurven bieten. Allerdings sind vor allem
an Sonn- und
Feiertagen hier
auch viele
Autos unter-
wegs.
Motorradtreffs:
In Torfhaus an
der B 4 zwi-
schen Bad
Harzburg und
Braunlage. Man
trifft praktisch
immer jeman-
den. An Feier-
tagen kann
der gesamte
Großparkplatz
auch schon mal
komplett mit
Motorrädern
gefüllt sein.

ESSEN & TRINKEN

Im Harz liebt man es deftig. Oft stehen leckere
Würste wie die Bregenwurst auf den Speisekarten. Aber man findet darauf auch die verschiedensten Wildgerichte.
Eine Besonderheit sind die Harzer Sturmsäcke,
in der Größe mutierte Windbeutel mit Kirschsauce beispielsweise.

KARTEN

Generalkarte Deutschland (Mairs geographischer Verlag) 1:200 000, Großblatt 6 »Niedersachsen Süd, Hessen Nord«

VERANSTALTUNGEN

• **Osterode**
Drei freundliche Tage, das Altstadtfest von
Osterode findet jedes Jahr im Mai statt.
Infos: Wego – Osterode,
Tel. 05522/3 15 91 72

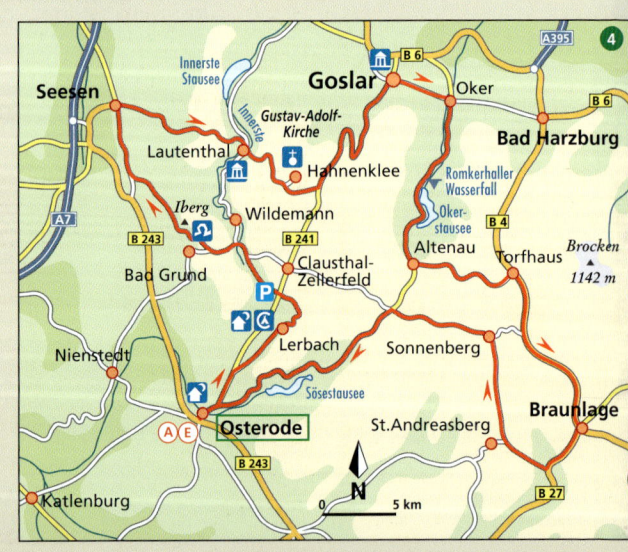

Roadbook 5

Routen im Harz

Gebiet: Harz/Kyffhäuser
Region: Niedersachsen/Thüringen
Routenverlauf: Herzberg – Walkenried – Ilfeld – Kyffhäuser – Sondershausen – Bischofferode – Herzberg
Gesamtstrecke: 203,5 km

Nr.	Straße km	Position	Richtung	Information	km
18	12 km	Bartolfelde	Herzberg	schnelle Strecke mit Radarkästen in Barbis	12 km
17	10 km	Zwinge	Bockelnhagen, Bartolfelde	an ehemaliger Grenze tolle Aussicht auf den Harz	10 km
16	9 km	außerorts	Herzberg, Zwinge	interessante Kurvenstrecke	9 km
15	6 km	Bischofferode	Holungen	bald rollt man an mächtiger Kalihalde entlang	6 km
14	14 km	Wipperdorf	Bischofferode	nun kurvt man durch das ehemalige Kaliabbaugebiet von Bleicherode-Bischofferode	14 km
13	17 km	Sondershausen	Wipperdorf	flottes Teilstück an Fluss Wipper entlang	17 km
12	23 km	Bad Frankenhausen	Sondershausen	nette Strecke durch Gipskarstgebiet	23 km
11	B 85 / 19 km	Berga	Bad Frankenhausen	tolle Bergstrecke über den Kyffhäuser folgt; nach ca. 6 km lohnt Abstecher zum Kyffhäuserdenkmal	B 85 / 19 km
10	B 80 / 5 km	Görsbach	Berga	schnelles Verbindungsstück	B 80 / 5 km
9	16 km	Sundhausen	Heringen, Görsbach	in Sundhausen sollte man den Scheunenhof besuchen, denn hier gibt es leckeren Käse zu kaufen	16 km
8	B 4 / 12,5 km	Ilfeld	Nordhausen, Sondershausen	Bundesstraße führt teils an Gleisen der Harzquerbahn entlang; dann B 4 durch Nordhausen folgen	B 4 / 12,5 km
7	6,5 km	Appenrode	Ilfeld	hübsche Strecke am Südharzrand	6,5 km
6	8 km	Walkenried	Ellrich, Appenrode	in Walkenried den Hinweisen über Werna nach Appenrode folgen	8 km
5	8,5 km	außerorts	Tettenborn, Walkenried	landschaftlich reizvolle Strecke	8,5 km
4	B 243 / 5 km	Osterhagen	Nordhausen	flottes Verbindungstück; Achtung: in Osterhagen stehen Radarkästen	B 243 / 5 km
3	5 km	Bad Lauterberg	Osterhagen	schöne Kurvenstrecke aus dem Harz heraus	5 km
2	10 km	außerorts	Bad Lauterberg	bald Silberhütte passieren	10 km

BRUCKMANN

Nr.	Straße km	Position	Richtung	Information	
1	‾‾ 17 km	Herzberg	Sieber, St. Andreas-berg ⬆	am Busbahnhof in Herzberg starten und dann stets den Hinweisen nach Sieber folgen; es folgt das wunderschöne Siebertal	17 km

Karte: Generalkarte Deutschland 1:200.000, Großblatt 7 »Thüringen, Sachsen-Anhalt Süd«

INFORMATION

Harzer Verkehrsverband
Marktstr. 45, 38640 Goslar
Tel. 05321/3 40 40, Fax 05321/34 04 44
E-Mail Harzer.Verkehrsverband@t-online.de

UNTERKUNFT

• **Osterode**
MotoRoute-Hotel »Sauerbrey«
Fritz Sauerbrey, Friedrich-Ebert-Str. 129
37520 Osterode-Lerbach
Tel. 05522/5 09 30, Fax 05522/50 93 50
E-Mail info@hotelsauerbrey.de
Internet www.motoroutenet.de
Wunderschönes MotoRoute-Hotel, wo man sich als Motorradfahrer rundum wohl fühlt.

ESSEN & TRINKEN

Wer auf richtig gute Steaks oder deftige Schlachtplatten direkt vom Erzeuger steht, dem sei Dreymanns Mühle in Barbis (am Orts-eingang aus Richtung Bartolfelde rechts hal-ten) wärmstens empfohlen:
Dreymanns Mühle, An den Mühlen 1
37431 Bad Lauterberg-Barbis, Tel. 05524/58 05

MOTORRADFAHREN

Gerade im ehemaligen Grenzgebiet zwischen Niedersachsen und Thüringen gibt es tolle Straßen, die Kurvenspaß vom Feinsten bieten. Außerdem darf man hier mit recht wenig Ver-kehr rechnen – auch an Wochenenden.

Roadbook 6

Routen im Harz

Nr.	Straße/km	Position	Richtung	Information	
20	B 27 / 11 km	Gieboldehausen	Herzberg	auf teils breiter Bundesstraße retour zum Ausgangspunkt	B 27 / 11 km
19	B 247 / 12 km	Duderstadt	Gieboldehausen	flottes Verbindungsstück	B 247 / 12 km
18	— / 12 km	Heiligenstadt	Duderstadt	nun kurvt man durch das so genannte Eichsfeld	— / 12 km
17	— / 24 km	Frieda	Heiligenstadt	aussichtsreiche Strecke durch den Hainich	— / 24 km
16	B 249 / 8 km	Eschwege	Wanfried	erneut flottes Teilstück	B 249 / 8 km
15	— / 10 km	Weißenborn	Eschwege	aussichtsreiche Strecke	— / 10 km
14	— / 7 km	Rittmannshausen	Weißenborn	nun kurvt man durch den Schlierbachswald	— / 7 km
13	B 7 / 9,5 km	Creuzburg	Kassel	flottes Teilstück, oft Radar, Schloss, Kirche	B 7 / 9,5 km
12	— / 9,5 km	Mihla	Creuzburg	an Fluss Werra entlang	9,5 km
11	— / 22 km	Mühlhausen	Mihla	ansprechende Strecke durch den Hainich	— / 22 km
10	B 247 / 8 km	außerorts vor Ammern	Mühlhausen	oft Radarkontrollen	B 247 / 8 km
9	— / 14 km	Rüdigershagen	Hüpstedt, Mühlhausen	bald folgt eine wunderschöne Serpentinenstrecke	— / 14 km
8	— / 3 km	Niederorschel	Rüdigershagen	nun rollt man in den Höhenzug Dün	— / 3 km
7	— / 3 km	Kirchworbis	Niederorschel	flottes Verbindungsstück, oft Radar	— / 3 km
6	B 80 / 2 km	Worbis	Kirchworbis	auch den Hinweisen Richtung Niederorschel folgen	B 80 / 2 km
5	— / 20 km	außerorts	Worbis	landschaftlich reizvolle Strecke durchs Ohmgebirge	— / 20 km
4	— / 4,5 km	Brochthausen	Zwinge	man passiert die Landesgrenze zu Thüringen	4,5 km

BRUCKMANN

Nr.	Straße / km	Position	Richtung	Information	
3	4 km	Hilkerode	Brochthausen	Brochthausen war einst der letzte Ort vor der innerdeutschen Grenze ✳	4 km
2	3 km	Rhum-springe	Hilkerode	vor Rhumspringe könnte man die Rhumequelle besichtigen ✳	3 km
1	10 km	Herzberg	Rhumspringe, Duderstadt	am Busbahnhof in Herzberg starten, dann kurz auf B243, anschließend B27 zum Homanitwerk. Dort links weiter Richtung Duderstadt	10 km

Karte: Generalkarte Deutschland 1:200.000, Großblatt 6 »Niedersachsen Süd, Hessen Nord«

INFORMATION

Harzer Verkehrsverband
Marktstr. 45, 38640 Goslar
Tel. 05321/3 40 40
Fax 05321/34 04 44
E-Mail Harzer.Verkehrsverband@t-online.de

UNTERKUNFT

• **Osterode**
MotoRoute-Hotel »Sauerbrey«
Fritz Sauerbrey, Friedrich-Ebert-Str. 129
37520 Osterode-Lerbach, Tel. 05522/5 09 30

Roadbook 7

Routen im Harz

Gebiet: Nördliches Harzvorland
Region: Sachsen-Anhalt/Niedersachsen
Routenverlauf: Halberstadt – Schöningen – Königslutter – Gifhorn – Meine – Cremlingen – Schöppenstedt – Halberstadt
Gesamtstrecke: 209,0 km

Nr.	Straße / km	Position	Richtung	Information	
19	B 79 / 37 km	Semmenstedt	Halberstadt	stets auf B 79 retour nach Halberstadt	B 79 / 37 km
18	B 82 / 9 km	Schöppenstedt	Goslar	viel Verkehr, oft Radar	B 82 / 9 km
17	— / 6 km	Tetzelstein	Schöppenstedt	bald bietet sich eine schöne Aussicht Richtung Harz	6 km
16	— / 9 km	außerorts	Reitlingstal, Tetzelstein	wunderschöne Strecke durch den Elm	9 km
15	— / 6 km	außerorts	Destedt, Erkerode	Richtung Elm halten	6 km
14	B 1 / 3,5 km	Cremlingen	Königslutter	viel Verkehr	B 1 / 3,5 km
13	— / 10 km	vor Lehre	Cremlingen	bald A 2 unterqueren	10 km
12	— / 2 km	Wendhausen	Essehof, Schandelah	in Wendhausen steht eine alte Windmühle	2 km
11	— / 10 km	außerorts	Lehre, Wendhausen	über Essenrode Richtung Süden halten	10 km
10	— / 8 km	Meine	Wolfsburg	B 4 verlassen; bald Mittellandkanal überqueren	8 km
9	B 4 / 12,5 km	Gifhorn	Braunschweig, Meine	viel Verkehr	B 4 / 12,5 km
8	B 188 / 11 km	Weyhausen	Gifhorn	an Aller entlang	B 188 / 11 km
7	— / 11 km	Fallersleben	Weyhausen	hier wäre Abstecher in die Autostadt Wolfsburg möglich	11 km
6	— / 7 km	Neindorf	Hattorf, Fallersleben	flottes Verbindungsstück, oft Radar!	7 km
5	— / 10 km	Königslutter	Wolfsburg	stets den Hinweisen Richtung Wolfsburg folgen	10 km
4	— / 20 km	Schöningen	Königslutter	interessante Kurven durch den Höhenzug Elm folgen; Abstecher zu Braunkohletagebau möglich	20 km
3	B 244 / 19 km	Badersleben	Schöningen	hinter Dedeleben quert man die ehemalige Grenze zur DDR	B 244 / 19 km

Nr.	Straße / km	Position	Richtung	Information	
2	— / 6 km	Athenstedt	Huy-Neinstedt, Badersleben	kurvenreiche Strecke durch den Höhenzug Huy	6 km
1	B 79 / 12 km	Halberstadt	Wolfenbüttel	gut frequentierte Straße	B 79 / 12 km

Karten: Generalkarte Deutschland (Mairs geographischer Verlag) 1:200000, Großblatt 6 »Niedersachsen Süd, Hessen Nord« und Großblatt 7 »Thüringen, Sachsen-Anhalt Süd«

INFORMATION

Harzer
Verkehrsverband
Marktstr. 45, 38640
Goslar
Tel. 05321/3 40 40
Fax 05321/34 04 44
E-Mail Harzer.Verkehrs-verband@t-online.de
Internet
www.harzinfo.de

UNTERKUNFT

• **Halberstadt**
MotoRoute-Hotel
»Abtshof«
Anke Jessat
Abtshof 27a
38820 Halberstadt
Tel. 03941/6 88 30
Fax 03941/68 83 68
E-Mail info@
abtshof-halberstadt.de
Internet
www.motoroutenet.de
oder www.abtshof-halberstadt.de
Hübsches MotoRoute-Hotel in der Altstadt
von Halberstadt

Roadbook 8

Routen im Harz

Nr.	Straße km	Position	Richtung	Information	
21	B 79 14 km	Quedlinburg	Halberstadt	flottes Stück retour zum Ausgangspunkt; oft Radar	B 79 14 km
20	9,5 km	Thale	Neinstedt, Wedderslebe, Quedlinburg	bald geht's an der Teufelsmauer entlang	9,5 km
19	21 km	Allrode	Thale	traumhaftes Bodetal; bald Abstecher zur Roßtrappe	21 km
18	6 km	hinter Friedrichs-brunn	Allrode	teils einspurige Straße	6 km
17	11 km	Bad Suderode	Friedrichs-brunn	hübsche Strecke in den Nordharz hinein	11 km
16	B 185 17,5 km	Falkenstein	Ballenstedt, Gernrode	in Ballenstedt den Hinweisen nach Gernrode, Bad Suderode folgen	B 185 17,5 km
15	6,5 km	Welbsleben	Falkenstein	wieder am Nordharzrand entlang	6,5 km
14	15,5 km	Mansfeld	Ritterode, Harkerode	auch den Hinweisen Richtung Aschersleben folgen	15,5 km
13	B 242 55 km	Hasselfelde	Mansfeld	man folgt nun stets der wundervollen Harzhochstraße	B 242 55 km
12	B 81 13 km	Eisfelder Talmühle	Hasselfelde	landschaftlich reizvolle Strecke	B 81 13 km
11	8 km	Rothesütte	Sophienhof	teils einspurige Straße	8 km
10	B 4 11,5 km	außerorts	Hohegeiß, Nordhausen	aussichtsreiche und lohnende Bundesstraße	B 4 11,5 km
9	B 242 2,5 km	außerorts	Braunlage, Hohegeiß	bald alten Grenzverlauf passieren	B 242 2,5 km
8	7 km	außerorts	Sorge	Strecke führt teils an Gleisen der Harzer Schmalspurbahn entlang	7 km
7	B 27 1km	Elend	Braunlage	B 27 nach 1 km wieder verlassen	B 27 1km
6	6,5 km	Bahnhof Drei Annen Hohne	Elend	hier verkehren alte Dampflokomotiven; später nicht Richtung Schierke, sondern Richtung Elend halten	6,5 km
5	5 km	Elbingerode	Drei Annen Hohne	flotte Waldstrecke; wenig Verkehr	5 km

Nr.	Straße km	Position	Richtung	Information	
4	B 244 / 2 km	außerorts (Büchenberg)	Elbingerode	Abzweig ist kurz hinter dem Schaubergwerk Büchenberg *	B 244 / 2 km
3	9,5 km	Heimburg	Elbingerode	schöne Waldstrecke; oft Rollsplitt ⚠ *	9,5 km
2	B 6 / 2 km	Pfeifenkrug	Wernigerode	am Nordrand des Harzes *	B 6 / 2 km
1	B 81 / 16 km	Halberstadt	Wernigerode	flotte Strecke Richtung Harz, oft Radar ⚠ T i *	B 81 / 16 km

Karte: Generalkarte Deutschland (Mairs geographischer Verlag) 1:200 000, Großblatt 7 »Thüringen, Sachsen-Anhalt Süd«

INFORMATION

Harzer Verkehrsverband
Marktstr. 45, 38640 Goslar
Tel. 05321/3 40 40, Fax 05321/34 04 44
E-Mail Harzer.Verkehrsverband@t-online.de
Internet www.harzinfo.de

Fax 03941/68 83 68
E-Mail info@abtshof-halberstadt.de
Internet www.motoroutenet.de oder
www.abtshof-halberstadt.de
Hübsches MotoRoute-Hotel in der Altstadt von
Halberstadt

UNTERKUNFT

• **Halberstadt**
MotoRoute-Hotel »Abtshof«
Anke Jessat
Abtshof 27a, 38820 Halberstadt
Tel. 03941/6 88 30

ESSEN & TRINKEN

Eine gute Einkehradresse ist der Gasthof
»Brauner Hirsch« im Örtchen Sophienhof. Dort
werden leckere Speisen zu moderaten Preisen
geboten, und Eisspezialitäten bekommt man
auch.

Roadbook 9

Routen im Harz

Gebiet: Westharz
Region: Niedersachsen/Sachsen-Anhalt
Routenverlauf: Osterode – Echte – Bockenem – Goslar – Wernigerode – Elbingerode – Blankenburg – Halberstadt
Gesamtstrecke: 157,5 km

Nr.	Straße km	Position	Richtung	Information	
14	B 81 16 km	Blankenburg	Halberstadt	die erste Etappe endet in Halberstadt	B 81 16 km
13	B 27 15 km	Elbingerode	Blankenburg	die B 27 bietet Fahrspaß und landschaftliche Reize	B 27 15 km
12	11 km	Drei Annen Hohne	Elbingerode	Hauptbahnhof in Sachen Dampflokomotiven	11 km
11	10,5 km	Wernigerode	Drei Annen Hohne, Braunlage	landschaftlich reizvolle Strecke	10,5 km
10	11,5 km	Bad Harzburg	Ilsenburg, Wernigerode	auf alter B 6 weiter	11,5 km
9	11 km	Goslar	Oker, Bad Harzburg	stets am Nordrand des Harzes entlang Richtung Osten	11 km
8	B 6 12 km	Posthof	Goslar	nun der vielbefahrenen B 6 nach Goslar folgen	B 6 12 km
7	10 km	Lutter	Ostlutter, Liebenburg	schöne Aussicht auf die Höhen des nordwestlichen Harzes	10 km
6	12 km	Bockenem	Lutter	schöne Kurvenstrecke folgt	12 km
5	B 243 14,5 km	Seesen	Bockenem	am Westharzrand entlang	B 243 14,5 km
4	B 248 14,5 km	Echte	Seesen	parallel zur A 7 halten; flottes Teilstück	B 248 14,5 km
3	12 km	Förste	Westerhof, Echte	Nienstedt durchfahren; dann folgt tolle Serpentinenstrecke durch den Westerhöfer Wald	12 km
2	4,5 km	außerorts	Förste	bald schöne Aussicht	4,5 km
1	B 241 3 km	Osterode	Northeim	Harz Richtung Südwesten verlassen	B 241 3 km

Karten: Generalkarte Deutschland (Mairs geographischer Verlag) 1:200000, Großblatt 6 »Niedersachsen Süd, Hessen Nord« und Großblatt 7 »Thüringen, Sachsen-Anhalt Süd«

BRUCKMANN

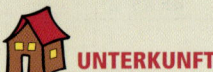

INFORMATION

Harzer Verkehrsverband
Marktstr. 45, 38640 Goslar
Tel. 05321/3 40 40, Fax 05321/34 04 44
E-Mail Harzer.Verkehrsverband@t-online.de
Internet www.harzinfo.de

UNTERKUNFT

- **Osterode**
MotoRoute-Hotel »Sauerbrey«
Fritz Sauerbrey
Friedrich-Ebert-Str. 129
37520 Osterode-Lerbach
Tel. 05522/5 09 30
Fax 05522/50 93 50
E-Mail info@hotelsauerbrey.de
Internet www.motoroutenet.de oder
www.hotel-sauerbrey.de
Wunderschönes MotoRoute-Hotel, wo man
sich als Motorradfahrer rundum wohl fühlt.

ESSEN & TRINKEN

Im Dorfkrug (ein schönes, altes Gasthaus) in
Ostlutter lässt es sich besonders gut einkehren
und speisen.
Dorfkrug
Dorfstr. 23, 38729 Lutter
Tel. 05383/376

MOTORRADFAHREN

Auch eine Harzumrundung bietet allerlei
Fahrspaß für Motorradfahrer. So dürften die
Teilstrecken im Westerhöfer Wald und vor
Lutter absolute Highlights sein.
Motorradtreffs: In Torfhaus an der B 4 zwischen
Bad Harzburg und Braunlage (nicht direkt an
der Route gelegen, aber schnell erreichbar)
trifft man praktisch immer jemanden.

KARTEN

Generalkarte Deutschland (Mairs geographischer Verlag) 1:200 000, Großblatt 6
»Niedersachsen Süd, Hessen Nord« und Großblatt 7 »Thüringen, Sachsen-Anhalt Süd«

VERANSTALTUNGEN

- **Osterode**
Drei freundliche Tage, das Altstadtfest von
Osterode findet jedes Jahr im Mai statt.
Infos: Wego – Osterode, Tel. 05522/3 15 91 72

SEHENSWERT

- **Osterode**
Osterode hat eine sehr hübsche Innenstadt
mit überdimensionaler Fußgängerzone zum
Relaxen
Infos: Fremdenverkehrsamt Osterode

Roadbook 10

Routen im Harz

Gebiet: Ostharz
Region: Sachsen-Anhalt/Thüringen/Niedersachsen
Routenverlauf: Halberstadt – Ballenstedt – Wippra –
Sangerhausen – Stolberg – Bad Sachsa – Osterode
Gesamtstrecke: 173 km

Nr.	Straße km	Position	Richtung	Information	
16	11 km	Herzberg	Osterode	an Kreissparkasse links auf alte Straße abbiegen	11 km
15	7 km	hinter Barbis	Scharzfeld, Herzberg	auf alter Straße nach Herzberg fahren	7 km
14	B 243 15 km	außerorts	Herzberg	Achtung: in Osterhagen und Barbis stehen Radaranlagen	B 243 15 km
13	10,5 km	Ellrich	Walkenried, Bad Sachsa, Herzberg	bald alte Grenze queren	10,5 km
12	5,5 km	Appenrode	Ellrich	weiterhin interessante Strecke am Südharzrand	5,5 km
11	6,5 km	Ilfeld	Appenrode	in Ilfeld erst rechts, dann links halten	6,5 km
10	13,5 km	Rottleberode	Neustadt, Ilfeld	tolle Strecke am Südharzrand	13,5 km
9	11,5 km	außerorts	Stolberg, Rottleberode	Stolberg ist sehr sehenswert	11,5 km
8	5,5 km	außerorts (Glasebach)	Auerberg, Breitenstein	am Großen Auerberg kann man vom Aussichtsturm eine tolle Aussicht genießen	5,5 km
7	3 km	hinter Wolfsberg	Hayn	in Hayn weiter Richtung Harzgerode	3 km
6	22 km	vor Sangerhausen	Wettelrode, Wolfsberg	Superkurven warten nun; Achtung: oft Rollsplitt	22 km
5	12,5 km	hinter Wippra	Sangerhausen	weiterhin landschaftlich sehr reizvolle Strecke	12,5 km
4	18 km	Meisdorf	Pansfelde, Wippra	herrliche Kurven führen quer durch den Ostharz	18 km
3	5,5 km	Ballenstedt	Meisdorf	nun kurvt man ins Selketal	5,5 km
2	12 km	Quedlinburg	Ballenstedt	weiterhin flotte Strecke	12 km
1	B 79 14 km	Halberstadt	Quedlinburg	flotte Strecke Richtung Harz; oft Radar	B 79 14 km

Karten: Generalkarte Deutschland (Mairs geographischer Verlag) 1:200000, Großblatt 6 »Niedersachsen Süd, Hessen Nord« und Großblatt 7 »Thüringen, Sachsen-Anhalt Süd«

BRUCKMANN

INFORMATION

Harzer Verkehrsverband, Marktstr. 45,
38640 Goslar
Tel. 05321/3 40 40, Fax: 05321/34 04 44
E-Mail Harzer.Verkehrsverband@t-online.de
Internet www.harzinfo.de

UNTERKUNFT

• **Halberstadt**
MotoRoute-Hotel »Abtshof«, Anke Jessat
Abtshof 27a, 38820 Halberstadt
Tel. 03941/6 88 30, Fax 03941/68 83 68
E-Mail info@abtshof-halberstadt.de
Internet www.motoroutenet.de oder
www.abtshof-halberstadt.de
Hübsches MotoRoute-Hotel in der Altstadt

ESSEN & TRINKEN

Eine gute Einkehradresse ist Dreymanns
Mühle, wo es saftige Steaks oder
deftige Schlachtplatten direkt vom Erzeuger
gibt:
Dreymanns Mühle, An den Mühlen 1
37431 Bad Lauterberg-Barbis
Tel. 05524/58 05

MOTORRADFAHREN

Auch der zweite Teil der Harzumrundung bietet
allerbeste Kurzweil. Die Teilstrecken von Pansfelde nach Sangerhausen oder von Wettelrode
nach Hayn beispielsweise offerieren Fahrspaß
pur. Motorradtreffs: Seit einiger Zeit trifft man
immer mehr Motorradfahrer bei Dreymanns
Mühle (siehe auch Essen & Trinken).

KARTEN

Generalkarte Deutschland (Mairs geographischer Verlag) 1:200 000, Großblatt 6
»Niedersachsen Süd, Hessen Nord« und Großblatt 7 »Thüringen, Sachsen-Anhalt Süd«

VERANSTALTUNGEN

• **Oschersleben**
Rennstreckentrainings im Motopark finden
während der gesamten Saison statt.
Infos und Termine:
Shell Racing Academy
Motopark Allee 20–22, 39387 Oschersleben
Tel. 03949/50 14 47, Fax 03949/50 14 48
E-Mail ShellAcademy@aol.com
Internet www.motopark.de

Nr.	Straße / km	Position	Richtung	Information	
18					
17					
16					
15					
14					
13					
12					
11					
10					
9					
8					
7					
6					
5					
4					
3					
2					
1					

Nr.	Straße km	Position	Richtung	Information	
18					
17					
16					
15					
14					
13					
12					
11					
10					
9					
8					
7					
6					
5					
4					
3					
2					
1					